LOS SIETE

SECRETOS

DE LAS FAMILIAS

EXITOSAS

LOS SIETE SECRETOS DE LAS FAMILIAS EXITOSAS

ENTENDIENDO LO QUE LAS FAMILIAS
FELICES Y FUNCIONALES
TIENEN EN COMÚN

Jimmy Evans

Marriage Today
P.O. Box 59888
Dallas, TX 75229

Derechos de propiedad literaria 1996 por Jimmy Evans. Este libro, o alguna parte de él, no podrá ser reproducido en ninguna forma o por cualquier medio sin permiso por escrito del editor, con excepción de pequeños pasajes con el propósito de dar una referencia. Para mayor información contacte a: Marriage Today.

Todas las referencias a las Santas Escrituras son tomadas de La Biblia de las Américas LBLA a no ser que se indique otra versión.

TRADUCCIÓN
Raquel Navarro y Equipo LIDERE

REVISIÓN
Chinger Zapata

REVISIÓN APROBADA POR

Lidere.
www.lidere.org

Library of Congress Catalog Card Number: 96-75703

ISBN 1-931585-21-0
10 9 8 7 6 5 4 3 2 1

Impreso en Colombia

ÍNDICE

Dedicatoria — 7

Reconocimiento — 9

Introducción — 11

Capítulo 1
Secreto uno: Una estructura prioritaria correcta — 15

Capítulo 2
Secreto dos: Un balance de gracia y verdad — 29

Capítulo 3
Secreto tres: Dependencia saludable — 47

Capítulo 4
Secreto cuatro: Comunicación positiva — 71

Capítulo 5
Secreto cinco: Autoridad paterna apropiada — 97

Capítulo 6
Secreto seis: La virtud de la responsabilidad personal — 119

Capítulo 7
Secreto siete: Transferencia generacional positiva — 143

DEDICATORIA

Dedico el presente libro, con gran afecto, a mi esposa Karen. Durante los últimos 30 años de nuestra relación, Karen ha sido mi amiga, mi compañera de oración y un ejemplo del amor de Cristo. Su caminar en el Señor y su compromiso han sido una fuente de inspiración y gran fortaleza para mis hijos y para mí.

También extiendo la presente dedicación de este libro a las esposas y madres, que como Karen, han sacrificado y orado por sus familias. Que las lágrimas y oraciones de las preciosas mujeres de esta generación, y de aquellas anteriores a nosotros, nos lleven a un genuino mover de Dios para sanar y restaurar a las familias hoy, y en las generaciones por venir.

RECONOCIMIENTO

Aprecio tanto la asistencia y apoyo de tantas personas especiales, al ayudarme a hacer que este libro fuera posible. El Consejo de Directores de Marriage Today ha sido una fuente de sabiduría y de ánimo para mí Quiero agradecerles y reconocer su apoyo fiel a mí y a este proyecto.

Quiero expresar mi aprecio a Donna Griffin, Kimberly Fritts y Judy Bullard por su paciencia y ayuda profesional al preparar y corregir el manuscrito. Ustedes siempre van más allá del deber para servirme a mí y al Señor con excelencia.

Introducción

> *La familia es una creación de Dios. Él la diseñó para que fuera un reflejo de Su naturaleza, una extensión de Su autoridad y un custodio de la cultura de Su Reino.*

La familia es la más esencial y noble de las instituciones humanas. Es la célula que produce vida para el alma de la sociedad. Cuando las familias son saludables y exitosas, la sociedad prospera a todo nivel. Cuando las familias se encuentran débiles y resquebrajadas, los cimientos de todas las demás instituciones humanas se tambalean y llegan a colapsar La historia y nuestra cultura de hoy en día prueban este punto. Probado también, es el hecho de que nada puede reemplazar a la familia diseñada por Dios, ni el gobierno, ni las escuelas, ni familias redefinidas, ¡nada!

Desde los primeros días de la creación, Satanás ha atacado a las familias con una venganza impía, y persiste el día de hoy, sabiendo que si prosigue una campaña exitosa contra la familia, puede sabotear los propósitos de Dios, e impedir que éstos se cumplan en nuestras vidas. Satanás visiona familias heridas y disfuncionales como trofeos de su guerra en contra de Dios. Mientras más acumula, más celebra cierta victoria. Seguramente cuando escudriña el horizonte social del mundo hoy, se felicita a sí mismo y a sus malvados secuaces por el daño tan severo que han causado a la familia.

Satanás no es el único que entiende la importancia estratégica de la familia. Dios ha instituido un plan que depende de la integridad y el funcionamiento adecuado de los matrimonios y las familias. Por lo tanto, con toda la autoridad del cielo y la tierra, Él pelea por la familia. Hoy en día, Dios entrega un estandarte de verdad a aquéllos que no la conocen, un mensaje de perdón a todos los que han fallado, y un corazón compasivo a aquéllos que han sido heridos en la batalla. Dios, no el diablo, va a ganar esta guerra; y al final, la familia será rescatada para cumplir el propósito original de Dios.

He escrito este libro con la convicción de que Dios me guió a hacerlo, y oro para que sea de ayuda a aquéllos que están buscando la voluntad de Dios para sus familias. No importa si usted ya tiene una buena familia y sólo desea mejorarla, o si usted viene de un ambiente disfuncional y fallido. Yo creo que el contenido de este libro le va a ayudar.

Los siguientes capítulos explican siete características de una familia feliz y *exitosa*.

Yo realmente creo que estas áreas claves, representan verdades bíblicas universales que reflejan adecuadamente el diseño de Dios para cada familia, sin importar los factores que las distinguen particularmente. Conforme usted lea, espero que observe y sea animado por el hecho de que aunque la disfunción y el fracaso son comunes entre las familias hoy en día, se pueden prevenir y son reversibles. El éxito de la familia no tiene nada que ver con la suerte y el destino, y tiene todo que ver con la obediencia y sumisión a Dios y a Sus verdades eternas. Por lo tanto, cualquier persona que esté dispuesta a seguir el modelo de Dios para la vida familiar va a triunfar. ¡Ésas son buenas noticias!

Sin importar quiénes somos, qué tanto hemos fallado, qué tan profundamente hemos sido heridos, o la condición actual de nuestras vidas, Dios tiene el poder de sanarnos, transformarnos y guiarnos a sendas de vida. Yo oro que el contenido de este libro sea usado por Dios para llevar a cabo estos propósitos en su vida y en su familia.

Secreto 1: UNA ESTRUCTURA PRIORITARIA CORRECTA
El primer secreto de las familias exitosas

> *«Más bien, busquen primeramente el reino de Dios y su justicia, y todas estas cosas les serán añadidas».* (Mateo 6:33)

> *«Maestro, ¿cuál es el mandamiento más importante de la ley?» «Ama al Señor tu Dios con todo tu corazón, con toda tu alma y con toda tu mente»*, *le respondió Jesús: «Éste es el primero y el más importante de los mandamientos. El segundo se parece a éste: Ama a tu prójimo como a ti mismo».*
>
> (Mateo 22:33-39)

La Biblia es clara como el agua respecto a nuestras prioridades. Dios nos ha ordenado ponerlo a Él primero y a las personas después. De hecho, Mateo 6:23 comunica una poderosa promesa para la persona que pone a Dios primero: *«...todas estas cosas les serán añadidas».* «Todas estas cosas» se refiere a las comodidades, el bienestar, la posición en la vida, y la seguridad que buscamos. El contexto de la promesa fue cuando Jesús estaba corrigiendo a Sus discípulos por su incredulidad hacia Dios y por su ansiedad en cuanto a la provisión de la vida. Él finalizó Su discurso prometiendo bendiciones fieles y completas para la persona que le da a Dios prioridad sobre todo lo demás.

Establecer las prioridades en nuestras vidas y en nuestras familias es un asunto de alto riesgo, significa la diferencia entre ser bendecido o abatido, ser amigo íntimo o enemigo, ser un éxito o una estadística. Las familias exitosas son siempre familias con una estructura de prioridades correctas y con propósito atrincherado en sus vidas. No sucede por accidente; sucede porque eligen ajustar sus decisiones, costumbres y su estilo de vida para honrar a Dios primero, y después la familia.

Aunque la mayoría de los cristianos están de acuerdo en que Dios debe de ser el primero, y después la familia, en gran parte nuestro acuerdo es sólo de labios y no se traduce en nuestras vidas cotidianas. Debemos entender que con la *intención* no basta, la mera *intención* de tener las prioridades correctas no beneficia a nuestras familias. Un viejo adagio dice: «el camino a la ruina está pavimentado de buenas intenciones» (paráfrasis del autor). Hasta que las buenas intenciones se unan con la voluntad de tomar las decisiones correctas diariamente y digamos *no* a las otras demandas, hasta entonces, encontraremos la bendición y armonía que estamos buscando.

TRES VERDADES IMPORTANTES EN CUANTO A LAS PRIORIDADES

Hay tres verdades importantes que pueden ayudarle a entender la importancia de las prioridades bíblicas, y pueden animarlo a pagar cualquier precio que sea necesario para establecerlas en su vida.

1. Las prioridades demuestran nuestro sistema de valores así como el sistema de valores que les vamos a pasar a nuestros hijos.

Nuestras prioridades son nuestros valores. La persona que le da prioridad a Dios, valora a Dios. La persona que le da a algo prioridad más alta que a Dios, es porque valora algo más que a Dios. Es así de simple. La misma verdad se aplica a la familia; la persona que le da prioridad a la familia, valora altamente a la familia.

La esencia de la hipocresía habla de algo que no estamos dispuestos a vivir. La verdad es que muchos de nosotros somos simplemente hipócritas en cuanto a nuestras prioridades. Gran parte de la desilusión y la falta de armonía en nuestras vidas personales y en nuestras familias es fruto de nuestro pecado. Por ejemplo, un hombre dice que ama a su esposa, pero escoge el trabajo o los deportes antes que a ella. Los papás dicen que aman a sus hijos, pero permiten que el tiempo de cada día para ellos les sea robado por cosas menos importantes. Decimos que amamos a Dios primero, pero no estamos dispuestos a sacrificar para dar, para adorarle o para servirle. Esto es hipocresía.

Cuando Dios examina nuestras prioridades, Su escrutinio no se basa principalmente en lo que decimos que creemos; se basa en lo que practicamos. Cuando Dios nos ve poniéndolo a Él en primer lugar, Él sabe que lo valoramos; por lo tanto, nos bendice. Sin embargo cuando Él ve que algo ha tomado Su lugar en nuestras vidas, no que hemos renunciado a Él o que hemos cambiado de opinión en cuanto a Él, sino que simplemente hemos cambiado nuestras prioridades y lo hemos puesto a Él en una posición que no es la primera, Él sabe que ha sido devaluado. Además, Él ve como un ídolo a lo que tomó Su lugar, aunque sea algo bueno y necesario. A pesar de que Dios siempre nos ama, Él simplemente no va a bendecir a alguien que lo ha devaluado y que está practicando la idolatría.

No solamente hay un rompimiento de la relación entre Dios y nosotros cuando nuestras prioridades son equivocadas, sino que lo mismo sucede en nuestra relación con nuestros cónyuges. El primer mandamiento de Dios relativo al matrimonio en Génesis

2:24 es que debemos «dejar» a nuestro padre y madre. La palabra «dejar» no significa que los abandonamos o los olvidamos por ir con nuestros cónyuges, simplemente significa que nuestro matrimonio tiene prioridad antes que ellos. De hecho, no sólo debemos dar prioridad a nuestro matrimonio antes que a nuestros padres, sino que debemos hacer lo mismo con cada área de la vida, con excepción de nuestra relación con Dios. Cuando hacemos esto, se crea un ambiente de energía y afecto en nuestro matrimonio. Cuando no lo hacemos, damos lugar a los celos y a los sentimientos heridos. Nuestros cónyuges intuitivamente saben que deberían tener prioridad sobre todo con excepción de Dios. La importancia de este asunto en la satisfacción matrimonial no puede ser exagerada o subestimada.

Nuestros hijos también sabrán que tienen una posición de prioridad. Aunque todos los niños tienen sus problemas, los que se sienten rechazados y no amados por sus padres tienen problemas mucho más grandes y causan mucho más dolor. Ser padres es un trabajo de tiempo completo que requiere una gran cantidad de tiempo y de energía. Con excepción de Dios y nuestro cónyuge, nada debe ser más valorado que nuestros hijos.

Sin importar qué más debamos sacrificar, no debemos sacrificar el tiempo, la atención, la energía y amor que les damos a nuestros hijos. Ellos deben saber en términos reales que son preciosos e importantes para nosotros.

Además de ganar la bendición de Dios y nuestras familias, también trasmitimos valores correctos a nuestros hijos cuando nuestras prioridades están bien. Debemos darnos cuenta que la felicidad futura de nuestros hijos y su éxito no dependen principalmente de la educación, las buenas relaciones sociales o el ingreso. Depende de si Dios los está bendiciendo o no. La aprobación de Dios nos trae paz y prosperidad sin aflicción, estrés o problemas relacionales: «*La bendición del Señor es la que enriquece, y Él no añade tristeza con ella*» (Proverbios 10:22). Por lo tanto, como padres debemos entrenar a nuestros hijos por medio de un ejemplo conforme a Dios para honrar las prioridades bíblicas. Cuando lo hacemos, las promesas de Dios están garantizadas para nuestros hijos y para nosotros.

2. Las prioridades correctas promueven la salud y el crecimiento de las cosas más importantes de nuestras vidas. Las prioridades equivocadas obstaculizan el crecimiento y la salud

Cuando Karen y yo nos casamos, yo estaba obsesionado con el golf y el trabajo. Esas dos cosas consumían la mayor parte de mi energía física y emocional. Al final de mis faenas en el trabajo o de un juego de golf, me quedaba muy poco tiempo y energía para Karen, para nuestros hijos o para Dios. El resultado era una vida familiar miserable y llena de tensión.

Aunque yo insistía en que amaba a Dios, a Karen y a mis hijos antes que nada, estaba distante y separado emocionalmente de ellos. Cuando Karen me confrontó en cuanto a mi fracaso como hombre de Dios, esposo y papá, me enojé. Mi mayor indignación fue que me etiquetó como hipócrita. Me dijo que yo seguía diciendo cosas que realmente no sentía. Cuando dijo eso (y lo decía frecuentemente), yo me desquitaba con un sermón de auto-felicitación, recordándole lo maravilloso que era y todo lo que hacía por ella y por los niños. Aunque mis pequeños discursos a veces funcionaban y me la quitaba de encima por algún tiempo la tensión permanecía.

Nuestro matrimonio finalmente llegó a un punto de rompimiento. El asunto central era si yo le iba a dar la prioridad a

Dios y a mi familia sobre mi trabajo y el tiempo que pasaba jugando golf. Aunque eso sucedió hace más de veinte años, todavía recuerdo el momento en el que tomé esa decisión. Estaba con el estómago torcido, creí que había perdido todo y me había convertido en un mártir doméstico. Yo era un ignorante.

Hoy en día veo a ese momento como uno de los puntos de cambio de dirección más grandes de toda mi vida. Actualmente, no sólo tengo una gran carrera y disfruto jugar golf, sino que también tengo una satisfactoria, creciente e íntima relación con Dios, con Karen y con mis hijos. Realmente lo tengo todo. ¿Por qué? Porque finalmente ordené mis prioridades.

Las prioridades bíblicas son parámetros protectores que mantienen las cosas más importantes como las cosas más importantes. Las prioridades se hacen evidentes en cómo invertimos tiempo, energía y dinero. Si nosotros le damos a Dios nuestra primera prioridad, Él permanecerá primero en nuestras vidas, y nuestra relación con Él florecerá. Si no le damos lo mejor a Él, nuestra relación sufre y deja de crecer. Nunca hay una excepción a esta verdad.

Un ejemplo poderoso de este punto se encuentra en un versículo de la Escritura en Mateo 6:21. Jesús dijo: *«Porque donde esté tu tesoro, ahí estará también tu corazón»*. La palabra griega para «tesoro» usada en este versículo es la palabra *thesauros*. Significa «un tesoro o arca del tesoro». La palabra «corazón» es la palabra griega *kardia*, que significa «nuestro yo secreto o el asiento de nuestras emociones». El significado de estas palabras en este versículo es poderoso. Lo que Jesús nos está diciendo es que nuestros sentimientos reales y nuestro enfoque estarán donde establecemos el lugar para depositar y asegurar lo que atesoramos (tiempo, energía, dinero).

Es imposible separar su tesoro de su corazón. No se puede hacer. Por ejemplo, si su arca del tesoro es su trabajo, si ese es el lugar donde usted da su mejor esfuerzo y, o la mayoría de sus tesoros, entonces sus sentimientos y su enfoque estarán ahí. Si su arca del tesoro es la escuela, su corazón estará en la escuela. Si su arca del tesoro es un deporte o un pasatiempo, entonces sus sentimientos y enfoque estarán ahí. Si su arca del tesoro está en Dios y en su familia, su pasión más importante y sus deseos estarán ahí.

Más allá de la verdad de este principio, existe otro aspecto que tiene poderosas implicaciones. Tiene que ver con cambiar nuestros sentimientos hacia algo o alguien. Un ejemplo es mi relación con Dios y mi familia al principio de mi matrimonio. Yo tenía una fuerte conexión mental y emocional con mi trabajo y con el golf, pero mis deseos por Dios y por mi familia eran mínimos.

El día de hoy, toda ha cambiado. Siento un deseo y una pasión por Dios, por Karen y por mis hijos, como nunca antes; y el deseo y la pasión siguen creciendo. ¿Cómo cambiaron las cosas?, no fue porque tuve una experiencia emocional mágica que causó que me despertara una mañana amando a las personas correctas. Fue porque tomé una decisión con mi voluntad, (que era contraria a mis emociones) de cambiar el lugar donde estaba invirtiendo los tesoros más importantes de mi vida. Cuando hice un esfuerzo intencional de dar mis mejores tesoros a Dios y a mi familia, mis emociones siguieron a mi decisión. Para mi sorpresa, me enamoré profundamente de Dios y de mi familia. Es una verdad eterna que yo he experimentado personalmente.

Sin hacer caso a lo que sus emociones le estén diciendo, honestamente examine dónde está dando su mejor esfuerzo. Si no es a Dios y a su familia, usted está cometiendo un error. Este error no sólo obstruye el crecimiento en sus relaciones, sino también le creará serios problemas y dolor emocional. Si usted se da cuenta de que está invirtiendo en el lugar equivocado, arrepiéntase delante de Dios y de su familia, y cambie. No importa a lo que tenga que renunciar, usted verá que la recompensa vale más, sin importar qué tan alto vea el costo ahora. Yo soy una prueba viviente.

En Estados Unidos existe una cultura que lo quiere todo. La ironía es que hemos ganado todo lo material y externo, y en el proceso hemos perdido todo lo que realmente importa. Nuestra cultura ha colocado a Dios y a nuestra familia en el altar del sacrificio para obtener nuestro placer y éxito, sólo para encontrar que lo que hemos ganado está vacío si no tenemos paz en nuestros corazones y en nuestros hogares. Hoy en día, la gente está despertando a la realidad de que las cosas no traen la felicidad; la paz con Dios y con nuestra familia es lo que nos trae la felicidad y la realización, aún en medio de la ausencia, de todo lo demás.

3. Las tres prioridades esenciales son Dios, la familia y la iglesia

Me doy cuenta de que hay prioridades que tal vez no tengamos en común. El hecho de que no estemos de acuerdo con otras personas no significa que estamos equivocados; tan sólo quiere decir que somos diferentes, y eso está bien. Sin embargo, hay tres prioridades que son esenciales, universales e inmutables: Dios, la familia y la iglesia.

Algunas personas se sorprenden de la separación entre Dios y la iglesia. Muchas creen que la devoción a la iglesia es igual que la devoción a Dios. Aunque existe una conexión obvia, también hay una diferencia importante, y ambas son esenciales.

Nuestra devoción a Dios es un asunto personal. Tiene que ver con oración individual, obediencia a la Palabra de Dios, y con darle a Él lo primero y lo mejor de nuestras vidas cada día en todos los escenarios de la vida. ¿Será posible estar muy involucrados en la iglesia sin darle realmente prioridad a Dios en nuestras vidas? Si, es posible. De hecho, tristemente es muy común. Los fariseos con los que trató Jesús son un ejemplo perfecto, eran maestros de la religión con corazones huecos. Aunque tenían afecto por los ejercicios tradicionales de la religión y la practicaban con gran celo, no pusieron a Dios en primer lugar.

Necesitamos ser cuidadosos y no confundir a Dios con la iglesia. Darle a Dios la prioridad significa que lo buscamos y le servimos a nivel personal momento a momento. Significa que Él va a donde nosotros vamos, y que está invitado como Señor en nuestras relaciones, en nuestras finanzas, en nuestras decisiones, traumas, éxitos, conversaciones y pensamientos de la vida. El asunto va mucho más allá de nuestro compromiso con la iglesia.

Después de puntualizar eso, permítame enfatizar la importancia de la iglesia. Para las personas que han hecho un compromiso con Dios y con su familia, es esencial tener una red de soporte de personas que tienen las mismas convicciones. La iglesia no es sólo una institución ordenada por Dios para propagar el Evangelio, también es una base de relaciones que nos crea responsabilidad con otras personas, nos da soporte espiritual, y es quien da ánimo a los santos.

La iglesia ha tenido un impacto dramático en mi vida, en mi matrimonio y en mi familia. Cuando Karen y yo teníamos problemas al principio de nuestro matrimonio, fueron los maestros de la escuela dominical los que nos llevaban a comer, nos daban consejo piadoso, y nos animaron a través de sus propias experiencias. Nuestra participación con otras parejas de la iglesia que estaban comprometidas con Dios, nos inspiraron y nos guardaron de ir por el camino que tomaron muchos de nuestros amigos que se estaban divorciando y teniendo aventuras.

Cuando fuimos padres, la iglesia se hizo una importante extensión de nosotros a nuestros hijos. La iglesia y la escuela dominical reforzaron lo que estábamos enseñando a nuestros hijos en casa. Los grupos de niños y jóvenes se convirtieron en lugares donde ellos eran discipulados en la Palabra de Dios, y de ahí cultivaron muy buenas relaciones, que tienen hoy en día. Me estremezco de pensar qué hubiera sido de nosotros y de nuestros hijos si no hubiera sido por ese precioso grupo de amigos de la iglesia.

Conforme he aconsejado a parejas a través de los años, he encontrado un hilo en común en aquéllos que no triunfan. La mayoría de las veces son vencidos por rodearse de compañías negativas y malos ejemplos. La Biblia tiene algo que decir en cuanto a esto.

1 de Corintios 15:33 dice: «*No os dejéis engañar: Las malas compañías corrompen las buenas costumbres*». La palabra «engañar» en este versículo es interesante, literalmente significa «levantar su nariz a Dios». Algunas personas piensan que pueden pasarla bien sin la iglesia. Creen que son la excepción, que están por encima de eso. Así que literalmente levantan su nariz al aire cuando se menciona el ir a la iglesia y entablar relaciones con personas sanas y piadosas, y continúan cultivando sus relaciones principales con no cristianos o con cristianos no practicantes.

A estas personas no solamente les falta responder semanalmente, también les falta el apoyo espiritual de otros compañeros creyentes, y además son constantemente expuestos a malos ejemplos, pensamientos equivocados y malos consejos. En ese ambiente, aún el cristiano más fuerte del mundo estaría muy desgastado en un tiempo. Por lo tanto, así como en 1 Corintios 15:33 dice que los buenos hábitos no redimirán la mala compañía a su alrededor cuando usted está separado del compañerismo habitual de la iglesia, así también, la mala compañía corrompe y le roba preciosos tesoros espirituales. Esta misma verdad también se aplica de manera muy profunda a los niños. Ellos son altamente afectados por su grupo modelo. Por consiguiente, el cuidado directo de los padres en relación a sus amigos y las circunstancias que los rodean es esencial.

Así como establecemos disciplinas cotidianas en nuestras vidas (oración, lectura de la Biblia, tiempo de calidad con nuestros cónyuges e hijos, etc), también debemos establecer tiempo semanal para la iglesia. En primer lugar, busque una buena iglesia, que ame y crea la Biblia. No asista a una iglesia que sea legalista, ni tampoco a otra que sea liberal. Encuentre una iglesia donde crean en la autoridad de la Escritura con una actitud de gracia.

Aunque no existe la iglesia perfecta, Dios fielmente nos guiará a la iglesia que es mejor para nosotros cuando buscamos Su voluntad orando constantemente. Una vez que nos comprometemos con una iglesia local, debemos asistir semanalmente a los servicios fielmente, hacernos parte de un estudio bíblico semanal, o un grupo pequeño de oración donde se comparta, y encontrar un lugar para servir. Debemos asegurarnos de que nuestros hijos sean parte del servicio semanal juntamente con nosotros (especialmente cuando son más grandes), y de que vayan a la reunión que corresponda a su edad.

Estas disciplinas para nuestros hijos y para nosotros son muy importantes.

Las prioridades bíblicas son parte esencial de una vida familiar sana. Establecerlas puede ser molesto o realmente difícil; sin embargo, los beneficios son asombrosos; mientras más tiempo viva con las prioridades correctas, más bendiciones verá, y usted se dará cuenta de lo natural y cada vez más fácil que se vuelve vivir una vida con las prioridades correctas.

Un punto más en cuanto a las prioridades. Después de que usted las haya establecido, debe protegerlas. Aunque no necesitamos ser legalistas, sí necesitamos ser firmes en nuestro compromiso a mantener nuestras prioridades correctas. Esto significa que tal vez tengamos que invertir mucho tiempo en nuestro trabajo por una corta temporada, pero no permitimos que esto sea por mucho tiempo. Esto significa que tal vez no vayamos a la iglesia por una o dos semanas porque fuimos de vacaciones o estuvimos enfermos, pero no permitimos que la ausencia a la iglesia se vuelva un hábito. Las prioridades no son una ciencia exacta todo el tiempo, pero sí son un principio eterno siempre. Dios no pide conformidad legalista, pero sí nos requiere un compromiso honesto a lo que sabemos que es correcto, y que nos arrepintamos y cambiemos cuando estamos equivocados.

Comience a ver a su alrededor y notará algo. Las familias con éxito tienen costumbres, hábitos y tradiciones que los mantienen en curso. Tal vez se vea fácil desde afuera, pero les ha requerido esfuerzo. Es el trabajo conciente y consistente lo que hace que una familia triunfe. Los dolores cotidianos para vivir correctamente traen la bendición de Dios y producen logros evidentes para el matrimonio y la familia. Una familia exitosa no es un accidente, comienza con un compromiso de establecer y mantener las prioridades correctas.

Con una dependencia diaria hacia Dios y un compromiso sólido de nunca renunciar ni darse por vencido, podemos lograrlo. Yo inicié mi travesía hace más de veinte años. Era ignorante e inmaduro, pero tomé la decisión de que pagaría el precio que fuera necesario para hacer las cosas bien con Dios y con mi familia. Aunque mi compromiso fue esencial, Dios tuvo tanta gracia para ayudarme y levantarme cuando fallé. Ahora soy feliz, soy diferente. ¡El mismo Dios que me ayudó a mi, le ayudará a usted! Si usted no lo ha hecho, haga un compromiso con Dios y con su familia. Póngalos y manténgalos donde deben estar. Una vida de bendición vendrá.

> *«La ley del Señor es perfecta, que restaura el alma;*
> *el testimonio del Señor es seguro, que hace sabio al sencillo.*
> *Los preceptos del Señor son rectos, que alegran el corazón;*
> *El mandamiento del Señor es puro, que alumbra los ojos.*
> *El temor del Señor es limpio, que permanece para siempre.*
> *Los juicios del Señor son verdaderos, todos ellos justos.*
> *deseables más que el oro; sí, y más que mucho oro fino.*
> *más dulces que la miel y que el destilar del panal*
> *Además, tu siervo es amonestado por ellos;*
> *en guardarlos hay gran recompensa.*
>
> (Salmo 19:7-11)

Secreto 2: UN BALANCE DE GRACIA Y VERDAD
El segundo secreto de las familias exitosas

> *"Y el Verbo se hizo carne, y habitó entre nosotros, y vimos su gloria, gloria como del unigénito del Padre, <u>lleno de gracia y de verdad</u>».*
>
> (Juan 1:14, se agregó el subrayado).

Jesucristo fue más que un hombre sin pecado, Él fue una ilustración perfecta de la naturaleza de Dios. En un balance perfecto, la vida de Jesucristo reveló simultáneamente la gloria de Dios y el modelo de una vida humana perfecta. Como Dios, Jesús fue una firme expresión de la verdad eterna, por eso se le llama «la Palabra». Como hombre, Jesús reveló qué tan «en la carne» se puede vivir de acuerdo a los estándares de Dios a través de una vida rendida, a través de una vida guiada por el Espíritu.

Aunque la vida de Jesucristo fue un contraste completo de humanidad y divinidad, un hilo común de carácter fluyó a través de ambos lados. El apóstol Juan usó esta percepción única de la naturaleza de Cristo para revelar la esencia de los rasgos de carácter comunes en Jesús que lo llenaron y habilitaron como Hijo de Dios y como Hijo del hombre. De acuerdo con Juan 1:14, las dos fuerzas principales que motivaron a Jesús fueron «gracia y verdad». Juan dice que Él estaba «lleno» de estas cosas.

La palabra usada para «lleno» en Juan 1:14 significa cada área de Jesús siendo totalmente saturada de estos dos elementos.

La revelación que Juan tuvo de Jesús es de gran valor para entender la naturaleza de Dios y el secreto de las relaciones familiares con éxito. De la misma manera que Jesús tuvo un balance perfecto de gracia y verdad, cada relación exitosa debe estar balanceada con estos dos elementos. En cada relación, la verdad es un ingrediente esencial que produce una norma que previene la violación o la degeneración moral; sin embargo, la verdad sola es cruel, intimidante y contraproducente.

La gracia es el ingrediente esencial que da valor y eleva. La gracia no se enfoca en el desempeño, sino en el deseo de estar unido en corazón al objeto de su amor. La gracia es la unción que hace que la verdad sea llevadera, la dulce fragancia que embellece un jardín imperfecto. La gracia nunca discute ni está en desacuerdo con los estándares de Dios, sino que acepta, perdona y anima al que está luchando por cumplir la verdad.

La gracia y la verdad son compañeros inseparables. La verdad sola mata. Es un duro amo con súbditos desleales. La gracia sola es una porrista sin equipo, un organismo sin espina dorsal que no tiene fuerza o definición.

Considere estos principios:
    Las relaciones de verdad sin gracia se secan.
    Las relaciones de gracia sin verdad estallan.
    Las relaciones de verdad y gracia crecen.

Estas son verdades universales y eternas que están basadas en la naturaleza de Dios y en la manera que Él nos creó para que funcionáramos.

SECRETO 2: UN BALANCE DE GRACIA Y VERDAD

Un ejemplo poderoso de la necesidad crítica de que haya un balance de gracia y verdad en todas las relaciones, se encuentra escrito en el Antiguo Testamento en la historia del Arca del Pacto. Dios le mandó a Moisés en Éxodo 25 que construyera dos piezas de mobiliario, que al unirlas, serían una representación física del Dios de Israel.

La primera de las dos piezas era un arca. El arca era como un cofre que sirvió de recipiente, donde se le ordenar a Moisés que pusiera las tablas de piedra que contenían los diez mandamientos, la vara que reverdeció de su hermano Aarón y un recipiente con maná. El arca y su contenido simbolizaban la perfección de Dios y los estándares eternos de Su carácter. Los diez mandamientos representaban la ley perfecta de Dios. La vara de Aarón representaba la perfecta autoridad de Dios. El recipiente con maná representaba la perfecta fidelidad de Dios a la humanidad. Por lo tanto, una vez completada, el arca y su contenido eran una poderosa representación de los estándares inmutables de la perfección de Dios.

Aunque era significativa para cualquier estándar, el arca en si misma estaba incompleta. Por esta razón, se construyó otra pieza de mobiliario para cubrir el arca y su contenido invaluable. A diferencia de lo ordinario que era la primera parte del arca, la segunda parte del mobiliario que se construyó para cubrirla era esplendorosa. Fue llamada «el asiento de misericordia». Cubierto de oro puro, el asiento de misericordia estaba rodeado de dos querubines (ángeles) de oro con sus alas extendidas. Una vez al año, un cordero sin mancha era sacrificado, y su sangre era derramada en el asiento de misericordia para el perdón de los pecados de las tribus de Israel. Esto, por supuesto, es un simbolismo del Antiguo Testamento del venidero sacrificio de Cristo, de quién Juan el Bautista diría más tarde, *«He ahí el Cordero de Dios que quita el pecado del mundo»* (Juan 1:29).

El arca y el asiento de misericordia unidos fueron llamados «El Arca del Pacto». Dios estaba comunicando a Israel a través del arca Su naturaleza y la manera en la que Él se relacionaba con el hombre. El punto era este: Dios está lleno de gracia y verdad. Estos dos elementos indivisibles impregnan Su ser y representan Su carácter divino.

Una vez que el arca fue terminada, Dios le mandó a Moisés que la pusiera detrás del velo en el Tabernáculo. Este recinto fue llamado «El lugar Santísimo». Sólo un hombre, el sumo sacerdote, podía ver la gloria del arca una vez al año. Sin embargo, cuando Jesús murió en la cruz, la Biblia nos dice que el velo del lugar santísimo fue rasgado de arriba abajo (Mateo 27:51) y el Lugar Santísimo fue trasladado del Monte de Sion en Jerusalén al corazón humano. Ahora nosotros somos el templo del Espíritu de Dios (1 Corintios 6:19), y nuestros corazones son el Lugar Santísimo. La presencia divina que una vez llenó dos piezas de mobiliario, ahora quiere llenarnos a nosotros.

Esto es una cuestión muy importante que debemos entender. Dios nos creó a Su imagen (Génesis 1:27). ¿Cuál es su imagen? Existen muchas dimensiones para esta cuestión, pero en lo relacionado al carácter de Dios, Su imagen es «gracia y verdad». La persona que está llena de gracia y verdad es como Cristo. Una persona sin gracia no es como Cristo, tampoco lo es una persona que arrincona la verdad. Es la operación combinada de gracia y verdad en nuestros matrimonios, familias y otras relaciones lo que refleja la impresión divina de Dios. Solamente cuando ambos elementos están unidos y balanceados podemos alcanzar la bendición y el orden de Dios que produce relaciones saludables y exitosas.

Regresando a la historia del arca, un ejemplo del peligro extremo de separar la gracia y la verdad se ilustra de manera poderosa en

1 Samuel 6:19. Los filisteos, archí enemigos de Israel, habían tomado posesión del arca, pero para su propia destrucción. Mientras que era una bendición para los hijos de Israel, el arca fue una maldición en las manos de los filisteos. Todo el tiempo que tuvieron el arca, experimentaron plagas y tumores y toda clase de suplicios, así que regresaron el arca a Israel.

Jubilosos por el retorno del arca, los hombres de Bet-semes observaban mientras que las alas resplandecientes de los ángeles se iban acercando en una carreta impulsada por bueyes gritando de casa en casa y de pueblo en pueblo, corrieron hacia el arca que simbolizaba la presencia de Dios y sus bendiciones. Conforme miles de ellos se reunieron alrededor del arca para celebrar, alguien cometió un error fatal. Sin entender la conexión crítica entre la parte inferior del arca y el asiento de misericordia encima, separaron las dos piezas del mobiliario.

Levantando el asiento dorado de misericordia, con la esperanza de ver las tablas de piedra con los mandamientos grabados y los demás artículos de los que habían oído hablar toda su vida, los hombres de Bet-semes creyeron que estaban a punto de experimentar un sueño glorioso. En vez de eso, experimentaron su peor pesadilla. De acuerdo con 1 Samuel 6, cuando separaron el arca del asiento de misericordia, murieron inmediatamente 50,070 hombres. La conmoción del arca hizo pedazos a Israel aquel día. Sacudiendo sus cabezas con desconsuelo e incredulidad, el pueblo de Israel se preguntaba si la presencia de Dios en el arca era una bendición o una maldición.

Por supuesto que la presencia de Dios es una bendición. Sin embargo, así como en los días del arca en Israel, mucha gente hoy en día ha sido formada en hogares y o iglesias que presentan una perspectiva de Dios desbalanceada. Han partido la tapa del arca, y el resultado ha sido destrucción. Un ejemplo de ello es un hombre a quien yo aconsejé por años, él fue formado en una iglesia que predicaba «el infierno de fuego y azufre». Cada día de su infancia él vivió con inseguridad y miedo por el castigo eterno. Sus padres y su pastor constantemente le decían que había caído por debajo de los estándares de Dios y que la única seguridad que podía tener era vivir una vida «santa». Así que, como adulto, vivía en una constante inseguridad, una fuerza que lo dirigía a él y a su familia.

Como esposo y padre, este hombre era extremadamente duro y exigente. En palabras de su esposa, el era «un perfeccionista que nunca estaba complacido consigo mismo ni con nadie». Él exigía mucho de sí mismo y de cualquiera que estuviera a su alrededor. Cuando se cumplían sus expectativas, no había elogio ni afirmación porque era solamente cumplir con el deber. Sin embargo, cuando había fallas, la crítica y la condenación eran agentes usados para replegar a las tropas a un rendimiento superior. Como resultado de este ciclo sin fin de rendimiento y motivación negativa, este hombre y su familia eran miserables. Ellos eran un ejemplo del gran peligro de una existencia «sin gracia». Su hogar era como un arca sin asiento de misericordia, la verdad cruda sin nada para embellecerla o balancearla.

La experiencia de otra mujer que aconsejé nos da otro ejemplo del peligro de la falta de balance. Esta dama fue formada en un hogar sin límites ni estándares. Ella no solamente fue formada en un hogar no cristiano, sino que tampoco sabía nada acerca de Dios. Sus padres se divorciaron y ella se crió con su mamá. Debido a que la mamá trabajaba y tenía una vida social activa, la hija con mucha frecuencia se quedaba sola. Nunca fue corregida por beber, fumar, involucrarse en sexo premarital o cualquier otra cosa. A la edad de dieciocho años, ya había vivido una vida muy pecaminosa y había tenido un aborto.

SECRETO 2: UN BALANCE DE GRACIA Y VERDAD

La primera vez que vi a esta mujer en mi oficina, se veía como una persona que vi en una película de guerra. Literalmente me recordó a un sobreviviente del holocausto. Sin gozo ni esperanza, relató cómo un pecado tras otro, con sus respectivas consecuencias, la habían dejado devastada. Sin coraje ni juicio hacia su mamá, ella simplemente explicó su increíblemente promiscuo pasado diciendo: «Nunca me dijeron que no hiciera esas cosas». Sin dudar del amor de su mamá en aquél entonces o ahora, ella lamentó que la falta de estándares y límites de protección de su mamá la empujaran en su vida temprana. El hogar donde creció era como un asiento de misericordia sin arca. A pesar de que una vida «libre» se ve bien de lejos, cuando se separa de la verdad es mortal.

En la raíz de cómo funcionan nuestras familias, hay un fundamento más profundo que necesitamos examinar y se relaciona con el balance. Para poder tener relaciones saludables, necesitamos examinar nuestro concepto de Dios y asegurarnos de que es correcto. Uno de los factores más determinantes de nuestro concepto de Dios es el carácter de nuestros padres, y la atmósfera relacional del hogar en el que crecimos. Instintivamente, nos relacionamos con Dios, basándonos en la manera en la que nos relacionábamos con nuestros padres y en la manera como ellos se relacionaron con nosotros. Por lo tanto, si nuestros padres no tenían un balance entre gracia y verdad, es común que nosotros veamos a Dios de la misma manera.

Sin importar cómo fuimos formados, Dios no se define por nuestro pasado; Él se define por lo que la Palabra de Dios dice que Él es, un Dios impregnado con un balance inseparable de gracia y verdad. Él es un Dios de estándares firmes, motivado por un corazón de compasión y misericordia. No va a dar gracia por verdad, o verdad por gracia. Usted obtiene el paquete completo, o usted tiene un dios falso.

Una vez que entendemos la importancia de este balance de Dios y tenemos un concepto acertado de Él, necesitamos examinar nuestras propias personalidades para ver si estamos balanceados. Como cónyuges o padres, debemos darnos cuenta de que nuestra capacidad de tener relaciones sanas está basada en un balance de gracia y verdad. Sin embargo, la mayoría de nosotros tenemos un desbalance natural del que necesitamos estar concientes y tenemos que vencerlo.

Un ejemplo de cómo nuestras personalidades de manera natural carecen de balance, lo podemos ver en los cuatro rasgos básicos del temperamento observados a través de los siglos. Estos comúnmente son: colérico, melancólico, sanguíneo y flemático. Para nuestro propósito los llamaremos el león, el castor, la nutria y el perro labrador. Estos son apodos que tomé prestados de Gary Smalley, quién hace un excelente trabajo en ayudarnos a entender nuestros temperamentos, especialmente en lo concerniente al matrimonio y las relaciones familiares.

A continuación veremos una breve definición y explicación de cada uno de los cuatro temperamentos:
- **León** (colérico): confiado, decidido, obstinado. Puede ser un buen líder.
- **Castor** (melancólico): organizado, metódico, sistemático. Puede ser un buen administrador.
- **Nutria** (sanguíneo): divertido, presentable, espontáneo. Puede ser un buen vendedor o representante de relaciones públicas.
- **Perro labrador** (flemático): estable, consistente, leal. Puede ser muy buen amigo y/o empleado de confianza.

Todos nosotros tenemos una combinación de los rasgos de estos temperamentos que constituyen nuestra personalidad. Sin embargo, usualmente domina uno en la mayoría de nosotros. Por ejemplo, yo tengo temperamento de león principalmente, y mi esposa Karen, es un perro labrador pero ambos tenemos algo de melancólico también.

En relación al balance de la personalidad, necesitamos darnos cuenta que cada temperamento tiene falta de balance. Tanto el temperamento de león como el castor no tienen balance en cuanto a la verdad. El temperamento de león tiene la tendencia de darle más importancia a los problemas y al progreso que a las personas. No es extraño saber que la vida con un león debe ser difícil, porque puede ser mandón y dominante. Sin un balance de gracia, los leones pueden ver a las personas como simples medios para llegar a un fin, y como resultado, pueden tratarlos con una gran insensibilidad.

El temperamento de castor puede ser tan organizado y metódico que se puede convertir en legalista. Y, al igual que el león, el castor tiene la tendencia de valorar las cosas por encima de la gente. El estándar de verdad y orden que aman los castores, se vuelve más importante que las personas a su alrededor. El presupuesto no se debe alterar para responder a las demandas humanas. El programa no se puede cambiar para atender a un corazón roto. El proceso es su ídolo; las personas son los adoradores. Así que, puede ser difícil vivir con el temperamento de castor sin el balance de gracia.

La otra parte del balance es que tanto la nutria como el perro labrador tienen tendencia hacia la gracia por encima de la verdad. Las nutrias son personas divertidas y espontáneas, son una fiesta buscando un salón para celebrarla. Sin embargo, tienen la tendencia de ser poco profundas. Sintiendo una necesidad de experimentar y divertirse, la nutria fácilmente deja caer el estándar de verdad por la sacudida de la diversión. Sin querer hacer ningún daño, la nutria puede dañar mucho al actuar sin precaución y sin un compromiso a los estándares absolutos.

El perro labrador es otro temperamento muy relacional. De hecho, esta persona es la más sociable de todos los temperamentos. Aunque esto trae estabilidad en las relaciones, también en muchas ocasiones puede significar comprometer la verdad por las personas. El perro labrador sin el balance de verdad puede dar misericordia sin sentido a aquéllos que están a su alrededor. El labrador desbalanceado frecuentemente es el que ayuda al alcohólico, drogadicto, abusador, en otras palabras, a una persona destructiva. El o ella es la sombra del árbol contra el calor de la vida que muchos buscan. Sin embargo, sin la verdad, uno perecerá en aquella sombra, y tristemente, el labrador perecerá también.

Además de los cuatro temperamentos básicos, hay otras características que ayudan a comprender nuestras personalidades tales como nuestro género, nuestros dones espirituales, entre otros. La cosa principal de la que debemos darnos cuenta es que sin importar nuestros lados fuertes o nuestros dones, cada vez que funcionamos sin balance de verdad y gracia, somos destructivos en nuestras relaciones. Sin importar los beneficios y bendiciones de nuestros lados fuertes, ellos necesitan estar balanceados con gracia y verdad para producir resultados sólidos y protegidos contra cualquier daño.

En la página siguiente hay una gráfica que le ayudará a ver los ingredientes de gracia y verdad y los resultados de los extremos.

GRÁFICA: Gracia y verdad y los resultados de los extremos ≫

SECRETO 2: UN BALANCE DE GRACIA Y VERDAD

| LA VERDAD EN EXTREMO ES: | LA GRACIA EN EXTREMO ES: |

dura / exigente

ingenua

perfeccionista

sin supervisión

autoritaria

poca o nada de disciplina

crítica
poco o nada de elogio

permisiva

legalista

sin estándares

La verdad es:
reglas, disciplina, parámetros,
confrontación, objetividad,
consecuencias, Palabra de Dios

La gracia es:
afecto, aceptación,
elogios, perdón, amor
misericordia y búsqueda

LA VERDAD EN EXTREMO PRODUCE:	LA GRACIA EN EXTREMO PRODUCE:
Un concepto equivocado de Dios	**Un concepto equivocado de Dios**
«Él está distante»	«Él es una persona fácil de dominar»
«A Él no le importa»	«Él se amolda a mí»
«Él es duro»	«Él es débil»
baja autoestima	falta de respeto a la autoridad
rebeldía / resentimiento	egoísmo
una manera poco saludable de conducirse para lograr las metas	confusión
rechazo **(yo no valgo)**	rechazo (no les importo lo **suficiente como para disciplinarme**)
condenación/ odio de sí mismo legalismo	falsa tranquilidad decepción

LA IMPORTANCIA DEL BALANCE EN LA CRIANZA DE LOS HIJOS

En la crianza de los hijos, el balance de gracia y verdad es crítico. Aquí hay tres consideraciones útiles para todos los que tienen la responsabilidad de ser padres:

1. Una fórmula para criar hijos
Reglas + Relación = Rectitud

Si usted cría a sus hijos teniendo el mismo énfasis en su relación con ellos y en las reglas que espera que obedezcan, usted será capaz de producir los resultados que desea: jóvenes sanos, con mentes saludables. Así es como Dios es con nosotros. La relación que tenemos con Él es preciosa para Él. A la misma vez, la motivación y el poder que tenemos para cumplir Sus reglas es Su presencia en nuestras vidas de manera constante y personal.

Cuando usted separa las reglas de la relación, la fórmula cambia:
Reglas − Relación = Rebelión

Muchos padres demandan obediencia de sus hijos sin tener una relación que los respalde. Los niños tienen un deseo natural de pasar tiempo con sus padres y divertirse con ellos. Cuando vienen las exigencias combinadas con una falta de relación con los padres, pueden suceder dos cosas: una obediencia forzada y hueca, o bien, mera rebelión.

Otra posible ecuación para nuestra fórmula de criar hijos es esta:
Relación − Reglas = Destrucción

Algunos padres se relacionan con sus hijos, pero no les dan reglas. Un ejemplo extremo es un amigo que tuve en el sexto grado. Su mamá les permitía a su hermano menor y a él, fumar y beber. También eran expuestos a un ambiente constante de fiesta en su hogar cuando su mamá y sus novios pecaban abiertamente. Cuando mi amigo estaba en la preparatoria ya tenía la apariencia física de un hombre poco saludable al final de sus veintes. El pecado había cobrado un precio en su vida.

2. El cuestionario para los adolescentes de Joe White

Joe White es el presidente de los campamentos Kanakuk y Kanakomo en Branson, Missouri. Cada año, miles de adolescentes vienen a sus populares campamentos deportivos. Él les hace esta pregunta: «¿Qué es lo que más quieres de sus papás?» La respuesta número uno es sorprendente: *¡Reglas!* Lo que más quieren los adolescentes de sus padres son parámetros claramente definidos. Los hacen sentir seguros y los guardan de la tiranía y la presión, así como de la tiranía de encontrar sus propios caminos.

La segunda respuesta más común al cuestionario de Joe, no debería sorprenderle: *¡Gracia!* Sí, los adolescentes quieren gracia. Quieren parámetros claramente definidos, pero también quieren que estén reforzados con un contexto familiar de aceptación y de perdón. Según sus propias respuestas, los adolescentes quieren que sus padres les den una atmósfera de gracia y verdad.

3. Una analogía de una familia feliz

Una ilustración útil que escuché en una ocasión en relación a la familia fue la siguiente: *Una familia exitosa es un patio de recreo con una cerca alrededor.* Realmente me gusta esta analogía, y yo creo que tiene mucha verdad.

SECRETO 2: UN BALANCE DE GRACIA Y VERDAD

Una familia debiera ser divertida, un lugar cálido que da la bienvenida a todos sus miembros. Las relaciones que tenemos unos con otros y el ambiente de nuestro hogar deberían ser edificados en base al disfrute de Dios y el disfrute de unos con otros. A través del establecimiento de las prioridades en las relaciones y actividades planificadas, nuestros hogares y el tiempo familiar se convierten en un santuario de diversión y aliento, un patio de recreo, si usted lo desea.

Para proteger nuestras relaciones familiares, así como a cada individuo de nuestra familia en su búsqueda fuera del hogar, debemos tener parámetros. Las reglas claramente definidas protegen a cada miembro y mantienen la atmósfera de nuestros hogares a salvo para disfrutarlo. Las reglas previsoras nos guardan de desviarnos a territorios peligrosos y mantienen los territorios peligrosos al margen de nosotros. Por lo tanto, las reglas claramente definidas y los parámetros se convierten en una cerca para proteger a nuestras familias.

Una familia de verdad sin gracia, es como una cerca sin patio de recreo. La misma encarcela un alma sin tener el beneficio de una relación que lo inspire. A pesar de que tal vez sea seguro, también es mortal. Una familia de gracia sin verdad es como un patio de recreo sin una cerca. A pesar de que es permitida, la diversión se ve constantemente interrumpida por los sonidos de la tragedia. A final de cuentas todo el gozo se detiene conforme la destrucción cobra su inevitable y alto precio.

Una familia exitosa es un patio de recreo con una cerca de su alrededor. Es un lugar de gracia y de verdad con balance. Es el resultado de las relaciones y las reglas trabajando en armonía para alcanzar la meta deseada. De la misma manera como Dios está lleno de gracia y verdad, también lo están el matrimonio y la vida familiar exitosa. Ésta es una de las características esenciales que nos hace funcionales y felices.

Para empezar a ver si su atmósfera familiar está balanceada, revise su concepto de Dios. Si usted se da cuenta de que su visión de Dios está fuera de balance, acepte lo que dice la Palabra de Dios y crea por fe en el perfecto carácter de Dios. Después que haya examinado su concepto de Dios, lo segundo que debe revisar es su vida familiar mientras crecía. ¿Sus padres eran balanceados? Si su papá era un extremo y su mamá era otro, eso no es balance, eso es confusión. Si ambos eran un extremo de gracia o verdad, es igual de malo o tal vez peor.

La influencia de nuestros padres sobre nosotros es profunda y afecta en gran manera nuestro concepto de Dios. Si sus padres eran desbalanceados, perdónelos y ponga sus ojos en Dios. También, si usted se da cuenta de que está cometiendo algunos de los errores que ellos cometieron, confiéselo delante de Dios y de su familia y pídale a Dios que le ayude a hacer los cambios necesarios.

Otro paso importante para traer balance a su hogar es revisar la gráfica mostrada anteriormente en este capítulo. Mire de nuevo los componentes de gracia y de verdad y vea si alguno falta en su hogar. Si usted se da cuenta de que algunos de los elementos de gracia faltan, empiece a agregarlos como una prioridad importante. De la misma manera, si algunos de los elementos de la verdad faltan, haga lo mismo.

Una nota final, una de las maneras más seguras de reconocer la falta de balance es simplemente escuchando a las personas a su alrededor. ¿De qué se queja su cónyuge? ¿Cuáles son los asuntos que saca a colación con frecuencia? ¿Representan una falta de gracia o verdad? Además, escuche a sus hijos y examine los frutos de su influencia en sus vidas. Si usted va a estar dispuesto a abrirse a Dios y a la gente y los deja hablar a su vida, será capaz de encontrar el balance.

Jesús está lleno de gracia y de verdad, como resultado, somos atraídos a Él, y Su influencia en nuestras vidas es redentora y poderosa. La familia llena de gracia y de verdad también será un lugar donde los miembros serán atraídos. En consecuencia, la función de una familia balanceada será redentora y poderosa. Será un lugar de gozo duradero y progreso amoroso. También, como Dios Mismo, la familia llena de gracia y de verdad es invencible y eterna.

> *La misericordia y la verdad nunca se aparten de ti;*
> *Átalas a tu cuello, escríbelas en la tabla de tu corazón.*
> *Así hallarás favor y buena estimación ante los ojos*
> *de Dios y de los hombres.*

(Proverbios 3:3-4)

Secreto 3: DEPENDENCIA SALUDABLE
El tercer secreto de las familias exitosas

En estos tiempos en donde oímos mucho sobre la independencia personal, necesitamos recordar una cosa: Dios creó al hombre para que fuese un ser dependiente. Cada uno de nosotros somos dependientes porque Dios nos creó de esa manara. La perversión última de la creación de Dios es la independencia. En primer lugar, la independencia personal es un engaño. En segundo lugar, es una perversión del plan de Dios. Dios ha diseñado nuestras vidas con una dependencia inherente la cual opera en tres niveles.

1. Somos dependientes de Dios

A través de la Biblia, la humanidad es comparada con ovejas, y como las Escrituras son de inspiración divina, debemos entender lo que Dios quiere decir cuando Él nos compara con las ovejas. Las ovejas son animales tiernos, pero son asediados con debilidades y limitaciones. Son muy vulnerables cuando se trata de poder protegerse a si mismas. Ellas no poseen pesuñas filosas ni dientes afilados y no son agresivas. Tampoco poseen equipo para orientarse. A diferencia de las palomas mensajeras, ballenas u otros animales migratorios que tienen la habilidad de ir por cientos y hasta miles de kilómetros y poder regresar a su lugar, las ovejas no pueden viajar una distancia significativa sin ayuda. Tampoco pueden proveerse por si mismas. No son cazadoras, por lo cual no tienen las habilidades de un depredador para poder reunir comida de una manera independiente.

Cuando Dios nos ve y dice: «Ustedes son mis ovejas». ¿Qué es lo que quiere decir? En esencia Él nos está diciendo: «Te creé sin la habilidad de poder llegar al lugar a donde vas. Tú me necesitas. Te creé sin la habilidad de proveer para ti mismo. Tú me necesitas». En Isaías 40:11, lo establece bien: *«Como pastor apacentará su rebaño, en su brazo recogerá los corderos, y en su seno los llevará; guiará con cuidado a las recién paridas».* Jesús se refiere a sí mismo como el Buen Pastor, y declara su voluntad de dar Su vida por nosotros.

La vida de una persona, que ha entendido y aceptado su debilidad y ha buscado a Dios para conseguir guía, protección y provisión de lo necesario, es una vida de increíble bendición y llenura. Probablemente la mejor descripción de la vida dependiente de Dios fue escrita por David en el Salmo 23:1: *«EL SEÑOR es mi pastor, nada me faltará».*

La naturaleza humana es tal, que creemos que podemos lograrlo todo por nosotros mismos. Esta es la razón por la cual a Satanás le fue posible llevar a rebelión a Adán y a Eva. Puesto de una manera sencilla, odiamos ser dependientes de Dios. Es parte de la naturaleza caída. El profeta Isaías lo expresó mejor: *"Todos nosotros nos descarriamos como ovejas, nos apartamos cada cual por su camino; pero el SEÑOR hizo que cayera sobre El la iniquidad de todos nosotros».* (Isaías 53:6) Para llevar esta verdad aún más lejos, el pecado humano es un espíritu independiente. Mientras más maduros somos en Cristo, más sanos estaremos, y aceptaremos más el hecho de que somos dependientes de Dios. De hecho la esencia de un cristianismo exitoso es la dependencia diaria del Señor para todas nuestras necesidades significativas. El creyente, que ora y confía, ha aceptado su dependencia de Cristo y ha aprendido a confiar en Él diariamente como su fiel pastor.

2. Somos dependientes del sexo opuesto

No sólo se necesita a un hombre y una mujer para poder propagar la vida humana, también ambos son necesarios para poder reflejar la plenitud de los dones de Dios sobre la humanidad. Dios le ha dado al hombre habilidades especiales y perspectivas que la mujer no tiene. Dios también ha dotado a la mujer con rasgos especiales y sensibilidad, que el hombre no tiene. Cuando el hombre y la mujer se respetan mutuamente y comparten sus dones únicos el uno con el otro como Dios lo diseñó, ambos somos beneficiados y bendecidos.

La llamada «batalla de los sexos» está basada en la frustración de generaciones y tensión entre el hombre y la mujer. A través de malos entendidos, abuso y rechazo, muchos hombres y mujeres han aprendido a protegerse el uno del otro. En algunas instancias extremas, algunos han llegado tan lejos como para rechazar al sexo opuesto y excluirlo de sus vidas.

A pesar de la mucha tensión y frustración que exista en la vida de uno respecto al sexo opuesto, debemos darnos cuenta que nos necesitamos mutuamente. Es el diseño de Dios. Aprender a entender y a aceptar las diferencias dadas por Dios y utilizarlas para complementarnos en una divina interdependencia es una de las más importantes claves para la estabilidad social y salud emocional. Con seguridad la función apropiada de todo matrimonio y familia se basa en una interacción pacífica y de confianza entre los sexos.

3. Somos dependientes del Cuerpo de Cristo

El capítulo doce de 1ª de Corintios nos dice que el Espíritu Santo distribuye dones en la iglesia a todo el que Él quiera. De acuerdo al escrito de Pablo, ninguna persona es dejada sin don dentro de la iglesia, y a ninguna persona le son dados todos los dones. El Espíritu Santo, en su soberanía, distribuye los dones de Dios en el Cuerpo de Cristo. El resultado es una iglesia con todos los dones, que puede expresar el múltiple ministerio de Cristo dentro de sí misma y al mundo. Como un todo, estamos completos. Individualmente, estamos incompletos y dependemos del Cuerpo para tener perspectiva, habilidad y llenura.

Cuando fui llamado al ministerio, me sentí impotente para prepararme para llegar a donde Dios quería que estuviera. Aunque Dios fue fiel en guiarme en cada paso del camino y en proveerme todo recurso durante toda la travesía, Él utilizó a mis hermanos y hermanas en Cristo como su medio principal para cumplir su llamamiento en mí. Cuando veo hacía atrás, y miro cuantas personas invirtieron en mi vida para llegar a donde estoy ahora, me humillo y estoy agradecido. Sin duda, si Karen y yo hubiésemos estado aislados de un compañerismo cristiano sano, no lo hubiéramos logrado.

Dios ha diseñado a su Cuerpo, la iglesia, de tal manera para forzarnos a ser dependientes unos de otros. No sólo nos ha dado todos Sus dones, los cuales representan una parte de Su propio

SECRETO 3: DEPENDENCIA SALUDABLE

ministerio, sino que también ha retenido una parte de la relación que Él tiene con nosotros, para que no podamos obtener directamente de Cristo lo que Él ha diseñado que recibamos de nuestro compañerismo con otros creyentes. En otras palabras, no podemos rechazar compañerismo íntimo cristiano y no sufrir. La independencia se castiga con una falta de alimento divino y depósito espiritual en áreas esenciales de nuestras vidas. Si queremos vivir en la llenura de Dios, la dependencia del Cuerpo de Cristo es parte obligatoria de lo que Dios nos revelará y nos proveerá, lo manifestará a través de relaciones de carne y sangre que tengamos con los creyentes, o no lo hará de ninguna manera. Una vez más, Su diseño es dependencia con respeto y con dependencia interrelacional.

Para entender mejor nuestra dependencia básica de Dios, el sexo opuesto y el Cuerpo de Cristo, es importante que también entendamos la dinámica que hace que las dependencias funcionen apropiadamente y los parámetros que las mantienen fuera de ser dependencias no saludables y disfuncionales. Existen cuatro reglas importantes en cuanto a la dependencia para mantenerla saludable y funcional.

CUATRO REGLAS PARA LA DEPENDENCIA SANA

Regla #1: Nuestra dependencia principal deberá ser en Dios

Profundicemos más en las sanas dependencias que Dios ha creado en nosotros y por nosotros. El ejemplo de la mujer Samaritana que se encontró con Jesús en el pozo de agua ilustra la condición disfuncional que nos arriesgamos a tener cuando fallamos en confiar primeramente en Dios. Veamos lo que la Biblia dice sobre su encuentro esclarecedor con Jesús:

> *"Una mujer de Samaria vino a sacar agua, y Jesús le dijo: Dame de beber. Pues sus discípulos habían ido a la ciudad a comprar alimentos.*
> *Entonces la mujer samaritana le dijo: ¿Cómo es que tú, siendo judío, me pides de beber a mí, que soy samaritana? (Porque los judíos no tienen tratos con los samaritanos.)*
> *Respondió Jesús y le dijo: Si tú conocieras el don de Dios, y quién es el que te dice: «Dame de beber», tú le habrías pedido a Él, y Él te hubiera dado agua viva».* (Juan 4:7-10)

Confundida por la respuesta de Jesús, o simplemente reaccionando en lo natural, la mujer siguió cuestionando a Jesús. Ella sabía que estaba muy profundo el pozo y se preguntaba cómo Él podría sacar «agua viva». ¿Tenía Él mayores poderes que Jacob, quien tomó del pozo por sí mismo, dio de beber a su ganado ahí y sació la sed de sus hijos? En este intercambio con la mujer samaritana, Jesús clarifica el verdadero sentido de lo que estaba ofreciendo:

> *"Respondió Jesús y le dijo: Todo el que beba de esta agua volverá a tener sed, pero el que beba del agua que yo le daré, no tendrá sed jamás, sino que el agua que yo le daré se convertirá en él en una fuente de agua que brota para vida eterna»* (Juan 4:13-14).

Fue un atrayente ofrecimiento de vida que no podía rechazar la mujer samaritana. Todo se reforzó por el conocimiento sobrenatural de Jesús de los fracasos que había tenido la mujer con cinco relaciones anteriores y que además en esos momentos estaba viviendo con un hombre que no era su esposo.

En la cultura judía de ese tiempo, esta persona con sed espiritual tenía al menos tres *«strikes»* en su contra. Una mujer no pasaba de ser una propiedad, la propiedad de un hombre. Una samaritana era despreciada por los judíos. Una adúltera vivía una vida de pecado llena de escándalo. Sin darse cuenta que había encontrado al Señor de Señores, se impresionó por la compasión del hombre que conoció en el pozo de Jacob. Ella se preguntaba por qué Él había hablado con ella, por qué Él le pidió agua, si solamente ella hubiera entendido la presencia ante la cual estaba y la profundidad de la relación que le estaba ofreciendo, ella le hubiera pedido del agua para tomar, para que su sed fuera saciada para la eternidad.

Jesús no se detuvo en el pozo para juzgar a la mujer, Él estaba ahí para sanarla. Su corazón compasivo se derramó a ella como lo hace hoy día en nuestra necesidad. Él ofrece Su copa de agua viva a matrimonios rotos, familias rotas, vidas rotas.

La mujer samaritana estaba dependiendo de sus relaciones con las personas, primordialmente hombres, para suplir sus necesidades más profundas. Estaba tratando de llenar el vacío de su vida con algo o alguien más, un vacío que sólo Cristo puede llenar. El resultado fue un camino de fracasos y decepciones en su vida, permaneciendo su sed interior sin ser saciada. Su dilema es común a la humanidad. La mayoría de nosotros, inclusive la mayoría de los cristianos, somos tentados a tomar a las personas y cosas tangibles que ofrecen satisfacción a nuestro alrededor, y usarlas para reemplazar a Dios.

Esta es la razón por la cual Jesús le dijo a ella que si continuaba bebiendo del pozo de agua natural continuaría teniendo sed. Estaba tratando de sacar su enfoque del nivel mundano para llevarlo a uno espiritual y eterno. Trataba también de que comprendiera los límites de la provisión natural y humana. La dependencia principal en las cosas tangibles y en las personas que nos rodean para saciar nuestras necesidades más profundas terminará en un fracaso, heridas y cinismo. Es interesante que después de cinco malos matrimonios, la mujer samaritana se había dado por vencida en cuanto al matrimonio y estaba viviendo con un hombre sin casarse.

La moraleja de esta historia es que solamente Dios puede suplir nuestras necesidades más profundas. Cuando nuestra dependencia principal es en Dios, no sólo llena el vacío interior de nuestras vidas con Su amor y presencia, sino que también, fluye de nosotros hacía los demás. Es por esto que Jesús le dijo a la mujer samaritana que el agua que Él le daría sería una «fuente de agua que salte». No sólo somos enriquecidos y bendecidos por la provisión de Dios, sino que también hace un dramático impacto sobre las vidas de los que nos rodean. Literalmente, el mayor acto de amor que usted realizará para sí mismo y su familia es buscar y servir a Jesucristo. No solamente Él lo transformará internamente en áreas donde recursos materiales y humanos no pueden llegar, sino que también lo preparará para amar como nunca ha amado antes.

La mujer samaritana era una persona que estaba perdida y sin esperanza, en un mundo que le había prometido amor pero que la había desilusionado y rechazado. Jesús viene a restaurarla y sanarla. Al hacerlo, Él fue a la raíz del problema, un vacío en su vida que sólo Él podía llenar. Como el consejero matrimonial y de relaciones por excelencia, Jesús se acercó a una mujer que haría que un consejero terrenal tomara un libro de texto y se pusiera a orar con fervor. Es interesante puntualizar que la ayuda que Él le dio no se enfocó a sus problemas de relación desde una perspectiva técnica. En otras palabras, Jesús no se enfocó en los «como si» o «como no» amar a una persona. Él se enfocó en la falta de capacidad interior de su vida debido al vacío espiritual dentro de ella.

Yo creo que la causa principal de los problemas en el matrimonio y la familia hoy en día se deben a esta cuestión. Debido a que somos una cultura materialista que con mucho, hemos reemplazado a Dios con nuestras propias respuestas, estamos sufriendo las consecuencias de relaciones fracasadas, traumas emocionales y un cinismo social. Aunque creamos que no tenemos mucho en común con la mujer samaritana, tenemos un asombroso parecido a ella, tanto en el área de nuestras relaciones, como espiritualmente.

La respuesta para nosotros hoy es la misma que para ella entonces. Debemos de parar de hacer que nuestra fuente principal sea humana y natural, y voltear a Jesús primeramente para que satisfaga nuestras necesidades interiores más profundas. Su promesa es que si vamos a Él y tomamos de su pozo diariamente, «no se tendrá sed jamás». ¡Qué increíble promesa!

Mateo 6:33 lo dice de otra manera: *«Pero buscad primero su reino y su justicia, y todas estas cosas os serán añadidas»*. En este versículo, Jesús nos promete que si volteamos nuestros corazones hacía Él y le buscamos, Él va a satisfacer fielmente todas nuestras necesidades en todos los niveles de nuestra vida. Una vida de búsqueda del Señor no sólo resulta en una bendición interna, sino que también significa una vida de paz y provisión para nuestras necesidades económicas, sociales y prácticas. El impacto que tiene una vida vuelta hacia Cristo en las relaciones familiares es inmensurable. Por su bien y el bien de los que usted ama, abra su corazón al Señor y búsquelo diariamente.

Regla #2: Nuestra dependencia secundaria es basada en relaciones con nuestros iguales o superiores

Entendiendo que nuestra dependencia más importante es en Dios, debemos reconocer nuestra necesidad de relacionarnos con nuestros iguales o superiores. Estas relaciones están caracterizadas por la habilidad de relacionarnos en los niveles social, emocional y práctico que nos llenan y dan placer. Estas relaciones incluyen cónyuges, amigos, líderes espirituales, familiares, compañeros de trabajo, maestros y otras relaciones de este tipo. Claro está, en relación a la familia promedio, la relación más importante es con nuestro cónyuge.

Como cónyuges, necesitamos depender uno del otro para construir una relación de profunda confianza y apoyo mutuo. Esta interdependencia es muy importante para el desarrollo de intimidad y para que se satisfagan las necesidades de ambos cónyuges; provee también un buen fundamento para ser padres. La unidad y cooperación de la pareja crean un entorno saludable para criar a sus hijos y un ambiente seguro para desarrollarse.

En cada relación matrimonial, nos encontraremos problemas que debemos resolver, y obstáculos que sobrepasar para desarrollar y mantener una profunda confianza e intimidad. Nunca debemos darnos por vencidos en nuestra búsqueda por la armonía en el matrimonio. La tentación de darnos por vencidos no sólo es un peligro para nuestro matrimonio; sino también impacta de una manera dramática otras áreas de nuestras vidas. Al darnos por vencidos con nuestros cónyuges, automáticamente cambiamos la dependencia que teníamos con él o ella hacía otro lugar, creando de esta manera una mayor frustración, dolor y disfunción. Las parejas deben esforzarse por mantener

SECRETO 3: DEPENDENCIA SALUDABLE

sus relaciones saludables y siempre en crecimiento. Sin importar el precio, los beneficios valdrán la pena; y las consecuencias de no hacerlo serán demasiado grandes.

Además de nuestra relación con nuestro cónyuge, también necesitamos un grupo de amigos comprometidos con Dios que nos apoyen. Estas amistades nunca deberían interferir con nuestra relación con Dios o nuestra familia, sino que deberían ser relaciones comprometidas que nos den la habilidad de relacionarnos en un entorno saludable de intercambio. Cualquier amistad cercana que tengamos deberá ser con creyentes que compartan los mismos valores. Debemos desarrollar y mantener amistades con personas que nos apoyen en seguir a Dios, y mantener la salud y prioridad de nuestro matrimonio y familia. Estas relaciones son extremadamente importantes.

A través de los años de estar pastoreando y aconsejando a personas en relación a sus matrimonios y familias, he notado una situación común entre los que están batallando constantemente y eventualmente fallan en sus relaciones familiares. Estos matrimonios o familias o no tienen relación con personas comprometidas con Dios que los apoyen y/o están involucrados en relaciones que no los apoyan y aún crean una competencia con los valores bíblicos familiares. 1 Corintios 15:33 dice: *«No os dejéis engañar: Las malas compañías corrompen las buenas costumbres»*.

Con diligencia debemos luchar por construir y mantener amistades sanas. El mejor lugar para construir este tipo de relaciones es a través de una iglesia bíblica saludable. Si no está involucrado en una, encuentre una. Si usted está involucrado en una, manténgase involucrado. No se quede al margen. Al estar usted involucrado, tendrá la posibilidad de conocer y cultivar relaciones con personas sanas. No existe tal cosa como la persona perfecta, cristiana o no cristiana. Sin embargo, cuando una persona está comprometida a seguir a Dios y a vivir por los estándares de las Escrituras, su influencia en nosotros será saludable. Como individuos, como una pareja y como familia necesitamos de estas relaciones.

Necesitamos ser responsables ante la autoridad espiritual y tener su apoyo, tales como nuestros pastores y otros líderes espirituales. Hay muchas ocasiones en nuestras vidas en las que necesitamos retroalimentarnos de una manera objetiva y recibir una perspectiva de nuestra situación de alguien desde fuera. Podemos obtener esto semanalmente al involucrarnos en servicios de adoración y en pequeños grupos tales como clases los domingos en la iglesia y estudios bíblicos. También podemos obtener esto en tiempos especiales de consejería con un líder o pastor. Estas relaciones son un vínculo importante para mantenernos en el camino correcto y para impedir que las cuestiones emocionales personales nos lastimen a nosotros y a nuestras familias.

He descrito lo que es una sana dependencia en nuestros cónyuges, amigos y figuras de autoridad. A continuación describiré dos violaciones peligrosas que son comunes y muy volátiles en relación a la dependencia en nuestras relaciones. Estos dos errores son una perversión del diseño de Dios y siempre crearán una disfunción cuando estén presentes.

1. Dependencia padre a hijo

La estructura familiar diseñada por Dios está basada en que el niño depende de sus padres y a la vez sus padres deberán estar supliendo las necesidades del niño. Es una perversión del plan de Dios cuando el padre de familia es dependiente del hijo, dando lugar a muchos años de abuso emocional en una estructura familiar de este tipo.

SECRETO 3: DEPENDENCIA SALUDABLE

Entienda que no me estoy refiriendo al padre mayor que se ve incapacitado por alguna razón y depende de la asistencia que se le dé por el hijo adulto. Es muy apropiado que cuidemos de nuestros padres ancianos cuando el tiempo llegue. A lo que me estoy refiriendo es al peligroso escenario del niño en edad escolar y aún de menor edad que en sus casas suplen las necesidades de los padres.

He aquí una escena que sucede a diario en estos tiempos modernos: Encontramos a adolescentes que se embarazan debido a que necesitan que alguien los ame. Una joven adolescente traerá al mundo a un niño esperando que este niño la haga sentir especial y amada. Ella espera que este niño o niña esté ahí siempre para ella. En lugar de esto, ella cría una víctima de abuso emocional que virtualmente y con seguridad perpetuará esta disfunción en la siguiente generación.

¡Usted no puede esperar que su hijo arregle lo que está mal con usted! Depender de un niño para levantarla se llama «triangulación». La peor parte de triangular es que deforma el desarrollo emocional del niño. Mucho antes de que el niño esté equipado física, sicológica o espiritualmente, él o ella son forzados a ser padres de sus padres. Con frecuencia dichos niños llevan el peso de la responsabilidad por mantener un equilibrio pacífico en el hogar o por mantener a sus padres unidos y emocionalmente sanos. Con frecuencia aceptan la culpabilidad cuando sus esfuerzos fracasan; y cuando llegan a mayores, son personas quebrantadas y emocionalmente discapacitados con necesidad de una sanidad interior profunda.

Cuando los niños son puestos en una posición de tener que levantar emocionalmente a los padres, no pueden desarrollarse apropiadamente como niños. Los niños necesitan ser niños, y los adultos ser adultos. Los niños nunca deberían «reparar» a los adultos. No es el diseño de Dios.

Pongamos el caso de una familia con dos o más hijos, uno de los cuales es utilizado para suplir las necesidades emocionales de los padres. Dos tipos de niños resultan de estas familias: el niño favorecido con el cual los padres estrechan su relación de una manera no saludable, y el niño no favorecido que se encuentra fuera del círculo emocional. El niño favorecido no podrá desarrollarse adecuadamente, y el niño no favorecido se sentirá sin amor y no deseado debido a que él o ella no es tan especial como su hermano o hermana los cuales son cercanos a su padre y madre; ¡otro resultado desastroso de dependencia no saludable en la familia!

Cuando los hijos dejan el hogar donde ellos han sido el soporte emocional de sus padres, los padres pierden un sentido de seguridad. Con frecuencia persiguen a sus hijos en su etapa de adultos y aún en sus matrimonios. Muchas veces los padres se vuelven adversarios de los cónyuges de sus hijos, debido a que están compitiendo por su amor y atención.

Una mujer que conozco me contó su triste historia. Su madre se mudó a su casa con su esposo para dominar y controlar todo, tal como lo había hecho con anterioridad. Con el tiempo ella y su esposo se mudaron a mil millas de distancia con la esperanza de verse libres de su madre. Como resultado de este cambio, su madre la demandó a ella y a su esposo por los derechos de visita de sus nietos, así que la pareja gastó más de dieciocho mil dólares en la demanda que se puso en la corte.

La madre de esta mujer estaba tratando de llenar un vacío en su vida a través de su hija y nietos. Su comportamiento produjo un gran daño a su familia. En lugar de aceptar la responsabilidad por su comportamiento, ella escogió echarle la culpa a su hija, insistiendo en seguir teniendo un acceso emocional a ella. Esta mujer fue extremadamente abusiva e hizo lo incorrecto. Ella necesita hallar su satisfacción principal en Dios y en su relación con su esposo y amigos. Una ausencia de significado y satisfacción es un rasgo común de suegros problemáticos.

La dependencia de padres a hijos también crea confusión sexual. Una pequeña niña necesita a su padre, pero necesita más de su madre. Un pequeño niño necesita de su madre, pero necesita más de su padre. Necesitamos identificarnos con el mismo sexo. Cuando una madre busca a su hijo para apoyo emocional, o el padre se apoya en la hija, con frecuencia viene una confusión de sexo. Esto es llamado «triangulación de género cruzado» y yo creo que es una de las mayores causas de la homosexualidad.

Vino una vez conmigo un buen hombre cristiano que tenía muchos dones, admitiendo que había luchado con la homosexualidad por años. El me dijo: «Mi padre fue un vendedor foráneo y viajaba con mucha frecuencia, yo rara vez lo veía. No teníamos relación alguna. Mi madre era mi mejor amiga. Desde el tiempo en que yo era pequeño, todo lo que recuerdo es que mi madre venía conmigo para confiarme y hablarme de sus situaciones personales. No había nada que ella no hiciera frente a mí. Así que, cuando tuve once o doce años y empecé a tener sentimientos sexuales, las mujeres no eran el sexo opuesto para mí; sino que eran los hombres».

Cuando un niño entra en la pubertad y se interesa en el sexo opuesto, debe haber algo místico acerca de esto. Debe haber una atracción como dos fuerzas magnéticas opuestas. Cuando ha habido una inadecuada triangulación cruzada de género, el niño es ligado de manera no saludable al sexo opuesto. Esto causa aún mayores problemas cuando el niño ha tenido poco o ningún tipo de conexión con el padre del mismo sexo. El resultado común es una atracción mística y poco saludable creada para con el mismo sexo. Es muy importante que como padres amemos a nuestros hijos fiel y fuertemente, pero no usarlos para que nos llenen emocionalmente.

Triangular a los hijos también les causa estar mal entrenados para sus relaciones matrimoniales y familiares más adelante. ¿Cómo podrán nuestros hijos salir adelante si no les damos un modelo para triunfar? Dios nos ha puesto en las vidas de nuestros hijos para que seamos unos modelos de los roles para ellos. Necesitamos enseñarles nuestra dependencia en Dios. Los padres orando juntos no sólo es una bonita escena en una fotografía navideña. Los padres orando juntos es de suma importancia en la vida diaria de la familia para mostrar a nuestros hijos que confiamos en Jesús. Jesús está aquí para ayudarnos a sobrepasar nuestros problemas. Jesús está aquí para dar dirección a nuestras vidas. Nuestros hijos necesitan saber que confiamos en el Señor. Luego necesitan saber que papá y mamá confían el uno en el otro. También es muy importante que los niños vean a sus padres mostrar afecto el uno con el otro así como recibirlo personalmente.

En los hogares donde los padres no tienen una relación con Dios o el uno con el otro, los niños con frecuencia se convierten en objetos de la dependencia de sus padres. Y ellos a su vez crecen perpetuando la misma disfunción en sus propios hogares al ser adultos porque aprendieron ese modelo de comportamiento conforme fueron creciendo. Las personas criadas en familias abusivas, familias alcohólicas, familias materialistas o familias emocionalmente disfuncionales, muchas veces batallan a través de la vida, tratando de superar el modelo que se les dio cuando estaban creciendo. Mi llamado a los padres es para que traten sus necesidades y problemas de una manera madura y conforme a Dios. Seguir las primeras dos reglas de la dependencia significa que cuando enfrentamos necesidades y dificultades en la vida, buscamos a Dios o a nuestras relaciones con iguales o superiores, pero nunca buscamos a nuestros hijos.

2. Dependencia no relacional

Cuando alguna cosa se convierte en factor de dependencia en la vida de una persona, o algo comienza a tomar el lugar de su sana relación con Dios u otras personas, un avispero de disfunciones se empieza a desarrollar. ¿Qué tipo de cosas? Alcohol, drogas, comida, dinero, éxito, posesiones, pornografía...

El peligro de utilizar cosas para depender de ellas, es que nos alejan de nuestra relación con Dios o nos alejan de nuestras familias. En muchos casos, reemplazan a Dios y a nuestra familia en nuestras vidas; debido a que nos tomamos una sustancia o cosa, hablar u orar ya no son necesarios. La sustancia nos arregla y nos llena, al menos por unos cuantos minutos, así que se desarrolla una dependencia inevitablemente, al punto de que la cosa de la cual somos dependientes se vuelve una parte fija y esencial de nuestras vidas.

En Mateo, capítulo 22, Jesús nos muestra los dos principales mandamientos de Dios. El primero es que amemos a Dios con todo nuestro corazón, alma, mente y fuerzas. El segundo gran mandamiento es que amemos a nuestro prójimo como a nosotros mismos. Para Jesús es muy obvio que Dios y las personas deben ser el enfoque de nuestras vidas. Aquí es a donde debemos recurrir para recibir fuerza, satisfacción y amor. Las relaciones que tenemos nunca deberán ser reemplazadas por un objeto inanimado o por medicamentos. Si permitimos que esto suceda, no sólo experimentaremos problemas de relación con Dios y con el hombre, sino que estaremos atorados en un callejón sin salida de adicciones y vacío. Aunque las sustancias y cosas prometan gran seguridad y comodidad, proveen muy poco, y el precio que nos exigen es muy alto.

Si usted en este momento se encuentra utilizando las cosas como un reemplazo de Dios y las personas, le quiero animar a ser honesto y a buscar ayuda. Primeramente, vuélvase a Dios y abra su corazón a Él. Él le ama tal como es usted y lo aceptará amorosamente conforme usted se vuelva a Él y confíe en Él para sanarlo y llenarlo. También, recurra a las personas a su alrededor en busca de apoyo. Además de los miembros de la familia, encuentre un grupo de apoyo cristiano que le pueda ayudar a enfrentar y a tratar la situación por la que usted esté pasando. Este principio es poderoso, y se aplica a todos nosotros. Es un hecho bien documentado que las personas que confían y dependen de sus relaciones con los demás son mucho más exitosas que las personas que no lo hacen.

Regla #3: La dependencia no deberá disminuir o usurpar la responsabilidad personal

Para resumir lo que se ha discutido hasta el momento, debemos recordar que la primera regla de dependencia es que debemos confiar en Dios primeramente. Después de esto, la segunda regla es que dependamos de relaciones con iguales o superiores a nosotros. Esto nos lleva a la tercera regla: La dependencia no deberá disminuir o usurpar la responsabilidad personal.

La responsabilidad personal es muy importante. Usted leerá más adelante en este libro, que el tema de ser responsable por el comportamiento de uno mismo es una de las doctrinas más fundamentales en la Escritura. Dios nos creó con libre albedrío y nos hace responsables por las decisiones que tomamos. Así que en la vida debemos aprender a orar y a meditar antes de tomar decisiones. A pesar de las relaciones en las cuales estemos involucrados, somos responsables por nuestras propias decisiones. La dependencia en otros nunca deberá transgredir las fronteras de nuestro libre albedrío o ser usada para reemplazar la toma de decisiones personales.

Un ejemplo de este tema es el abuso espiritual. Es un verdadero peligro debido a que reemplaza a Dios con líderes espirituales. Esto es conveniente para muchas personas porque los líderes humanos son más tangibles que Dios y con seguridad aquéllos estarán más que encantados de proveer dirección. Los líderes espirituales abusivos no son abusivos porque ayudan a proveer dirección a las personas. Son abusivos porque usurpan la autoridad personal de Dios, así como por interferir en la toma de decisiones personales de cada individuo. Los líderes espirituales abusivos se imponen a las personas con su fuerte deseo de representar a Dios y reprimir la voluntad personal.

Como pastor, debo ser muy cuidadoso de no reemplazar a Dios en las vidas de las personas. Soy particularmente sensible a las personas que son inseguras y a aquéllos que ponen en un pedestal a los líderes. Este tipo de personas con frecuencia quieren que alguien les diga lo que deben hacer. Desafortunadamente, estas preciosas personas son presa del abuso espiritual porque están dispuestas a rendir su responsabilidad personal para que sus decisiones las tome alguien más. Algunos hacen esto porque están inseguros y sienten que el líder espiritual está más calificado para dirigir sus vidas. Otros hacen esto porque tienen el concepto distorsionado de que un líder espiritual es igual a

Dios. Por lo tanto, cuestionar la dirección que es marcada es igual a pecar contra Dios. Los líderes abusivos espirituales casi siempre acompañan sus mensajes y ministerio con la amenaza de que cualquier cuestionamiento o rebelión será castigada por Dios.

La responsabilidad de un líder conforme a Dios es apuntar a las personas hacía el Señor y ayudarles a usar su conocimiento y sus destrezas para vivir sus vidas con éxito. Nunca un líder espiritual deberá dominar o comenzar a controlar la vida de otra persona. Aunque para algunas personas puede ser conveniente tener a alguien más que tome las decisiones por ellos, eso está mal y siempre causará daño y traerá una disfunción.

Tan extraño como pueda parecer, hay muchas personas que no quieren tomar sus propias decisiones. Hay muchos hombres y mujeres hoy en día que están en prisión, porque escogieron ese medio ambiente en lugar de la vida en el exterior. En la prisión, se les dice a qué hora levantarse, cuándo irse a dormir, cuándo comer, etc. Por lo tanto viven una vida de regimiento con muy poca responsabilidad personal. Su prisión se vuelve más interna que externa.

Otros hombres y mujeres escogen vivir en prisión en sus hogares. Ellos viven con una persona que gobierna la relación, los domina, y les dice lo que deben hacer. ¿Por qué lo permiten? Aunque casi cualquier persona resiente ser dominada, muchos lo consienten debido a que ellos no quieren tomar sus propias decisiones y sostenerse por sí mismos.

Ellos sopesan lo negativo del abuso emocional con las presiones que se crean al tener que tomar decisiones por sí mismos, y escogen el abuso. Este escenario es la causa de una gran cantidad de disfunciones en los hogares. Hasta que el cónyuge débil y

SECRETO 3: DEPENDENCIA SALUDABLE

dominado comience a levantarse en amor y reto a la pareja dominante, la disfunción no parará.

La enfermedad es otro elemento que usurpa la responsabilidad personal. Todos nosotros en algún tiempo nos enfermamos; sin embargo, hay algunas personas que les encanta estar enfermas y dicen que están enfermas porque no quieren ser responsables. Estar bien significa que debe preocuparse por usted mismo y por los demás. Estar enfermo significa que otros cuiden de usted. En el quinto capitulo del Evangelio según San Juan, hay una historia de un hombre que había estado enfermo por treinta y ocho años, en el estanque de Betesda. Jesús caminó hacía él un día y le preguntó si quería estar sano. Esto podría parecer una pregunta tonta, pero Jesús lo preguntó porque estaba llegando a la raíz por la que el enfermo había estado en el estanque por tanto tiempo.

Conocí a una mujer que había estado crónicamente enferma durante toda su vida adulta. Tan pronto trataban su enfermedad, ella comenzaba a quejarse de una nueva; fue medicada y estuvo con tratamientos toda su vida adulta. Lo interesante del caso es que ella nunca estuvo realmente enferma. Aún los médicos decían que sus quejas eran infundadas. Era tan social como quería serlo; sin embargo, cuando se le demandaba cualquier cosa que le causara ser responsable por algo, inmediatamente se quejaba de una enfermedad grave como una excusa para evadirse. Cada miembro de su familia y todos sus amigos sabían que era una hipocondríaca. Su comportamiento creó un profundo resentimiento en su esposo e hijos produciendo un hogar disfuncional.

En vez de usar la enfermedad como muleta, necesitamos recurrir a Dios como nuestra sanidad. En lugar de retraernos a una posición de vencidos, necesitamos aceptar el regalo del poder de Dios para vencer nuestros temores y debilidades. A través de su amoroso poder, nos son dados lo recursos para vencer. Si usted lucha con este asunto, sea honesto delante de Dios y de los demás y decídase a tomar la responsabilidad de enfrentar la vida con la ayuda de Dios y de Su pueblo.

Regla #4: La dependencia no deberá interferir con una dependencia mayor

Si usted es padre de familia, esta regla significa que usted no usurpa el lugar de Dios en la vida de su hijo, especialmente cuando el hijo o hija van creciendo y siendo mayores. Si usted es un pastor o líder espiritual, esto significa que usted constantemente lleva a personas a tener un entendimiento mayor y a depender en el Señor, no en usted. Es muy común que padres y personas en autoridad propicien una dependencia no saludable hacía sí mismos que viola una dependencia mayor.

Otro ejemplo de esto es la forma como nos involucramos con nuestros amigos casados. Por más que usted pueda amarlos y disfrutar la amistad de otras parejas que conozca, tenga cuidado de nunca intervenir en sus matrimonios. Esté con ellos como amigo, ore con ellos y deles consejo conforme a la Palabra si se lo piden, pero nunca trate de intervenir o de reemplazar a uno de los cónyuges del matrimonio amigo. Si usted nota que la pareja o una de las personas en el matrimonio está dependiendo de usted demasiado, necesita decirles de una manera amorosa: «Ustedes necesitan estar el uno con el otro más tiempo, y yo necesito estar menos con ustedes».

Nunca salga a defender a un cónyuge ante su esposa o esposo, a no ser que haya una situación criminal de por medio. Lo más

SECRETO 3: DEPENDENCIA SALUDABLE

probable es que no conocerá la historia completa hasta que haya hablado con ambas partes y haya orado. Por lo tanto, lo mejor que puede hacer es orar por ellos y dejarlos resolver sus propios problemas sin que usted se involucre. Esto podría ser difícil algunas veces, pero el matrimonio de sus amigos es mayor prioridad que usted, y usted debe honrar eso. Cuando sus amigos están ofendidos con sus cónyuges o simplemente están dependiendo de usted demasiado, debe de dirigirlos a su casa y no permitir que la dependencia en usted viole su unión matrimonial.

Somos personas dependientes; dependientes de Dios, del sexo opuesto, y de nuestros hermanos y hermanas en Cristo. También somos dependientes, en el sentido humano, de las muchas y diferentes habilidades y recursos de las personas de nuestras comunidades, nuestro país y aún alrededor del mundo. El hecho de que somos dependientes es obvio. El negar esto es arrogancia y engaño.

Al aceptar nuestra dependencia, existen otros engaños y dificultades que podrían sabotear nuestra esperanza de felicidad y satisfacción en la vida. Cada familia disfuncional es en cierto grado un ejemplo de dependencia fuera de lugar y distorsionada. Están en esa condición porque han roto las reglas. Para cualquiera de nosotros que pudiéramos estar en esta condición en este momento, si solamente reconocemos nuestros defectos y transferimos las expectativas de nuestras necesidades a la fuente correcta en los parámetros correctos, el resultado será una vida de satisfacción y éxito.

> *Todos los sedientos, venid a las aguas;*
> *y los que no tenéis dinero, venid, comprad y comed.*
> *Venid, comprad vino y leche*
> *sin dinero y sin costo alguno.*

> *¿Por qué gastáis dinero en lo que no es pan,*
> *y vuestro salario en lo que no sacia?*
> *Escuchadme atentamente, y comed lo que es bueno, y se*
> *deleitará vuestra alma en la abundancia.*

(Isaías 55:1-2)

> *Respondió Jesús y le dijo: Todo el que beba de esta agua*
> *volverá a tener sed, pero el que beba del agua que yo le daré,*
> *no tendrá sed jamás, sino que el agua que yo le daré se*
> *convertirá en él en una fuente de agua que brota*
> *para vida eterna.*

(Juan 4:13-14)

Secreto 4: COMUNICACIÓN POSITIVA
El cuarto secreto de las familias exitosas

Las familias felices y exitosas platican, tienen la habilidad de comunicarse y de trabajar en medio de sus problemas. Las familias disfuncionales no platican, no platicarán, o platican de la manera equivocada. Uno de los factores más importantes que determinan la salud del matrimonio y de las relaciones familiares es la buena comunicación y la habilidad de resolver los conflictos de manera positiva.

La comunicación es una habilidad que juega un papel trascendental en la vida de las parejas y las familias. Uno de los beneficios más importantes de la comunicación saludable en la vida familiar es la intimidad. La intimidad no puede ser desarrollada sin una comunicación sana. Uno de los factores más importantes al enamorarse y crecer en una relación más profunda y cercana es un intercambio positivo de palabras. A través de las palabras, los corazones y las mentes se conectan.

Entendiendo la importancia de la comunicación, Satanás hace todo lo que puede para atacar esta importante área, él sabe que si puede quitar o envenenar las palabras entre nosotros, puede arruinar nuestras relaciones. Esto es exactamente lo que trata de hacer, él se da cuenta de que si puede infiltrarse y romper nuestras líneas de comunicación, puede destruir nuestras familias o por lo menos dañarlas; su misión es tomar las relaciones íntimas y amorosas y convertirlas en tierras desgastadas de heridas y confusión.

Otro aspecto relacionado a la importancia de la comunicación es que es una de nuestras necesidades más profundas. En los seminarios matrimoniales, yo enseño acerca de las cuatro necesidades más importantes de los hombres y las mujeres. Una de las necesidades más profundas de una mujer es la de tener comunicación abierta y honesta. Es esencial que un esposo supla la necesidad de su esposa para que su matrimonio tenga un funcionamiento adecuado y su relación profundice. A pesar de que la comunicación no encabeza la lista de las cuatro necesidades del hombre, aún así, es importante en nuestras vidas. Una vez yo pensé que no necesitaba tener comunicación, más que a un nivel superficial. Sin embargo, cuando empecé a suplir la necesidad de Karen en esta área, empecé a disfrutarlo y a desearlo tanto como ella, y eso llevó nuestro matrimonio a un nivel más alto que nunca habíamos experimentado.

La comunicación también es una necesidad profunda en la vida de nuestros hijos. Los niños necesitan que sus padres les platiquen. Necesitan palabras positivas fluyendo en sus vidas. Necesitan que sus padres respondan sus preguntas y compartan abiertamente con ellos. Ellos necesitan ser enseñados, informados y afirmados diariamente. La comunicación saludable entre padres e hijos crea un lazo entre ellos que permite a los padres comunicarles valores, darles dirección y disciplina de manera saludable. Sin embargo, cuando hay falta de comunicación o la que hay no es sana, los hijos pagan el precio.

EL PODER DE LA COMUNICACIÓN

Las palabras son poderosas, debido a esto, la Biblia está llena de directrices en cuanto a la manera en la que nos comunicamos. En Mateo 12:36-37, Jesús advierte: *«Y yo os digo que de toda palabra vana que hablen los hombres, darán cuenta de ella en el día del juicio. Porque por tus palabras serás justificado, y por tus palabras serás condenado».* Esta Escritura sorprende a muchas personas porque piensan que las palabras pueden ser usadas casualmente sin consecuencias. De acuerdo con la Biblia, lo que decimos, cada palabra con significado y cada palabra ociosa es recordada en el cielo y será usada para juzgarnos eternamente. Por supuesto cuando nos arrepentimos de nuestros pecados, son perdonadas y borradas. Sin embargo cuando no nos arrepentimos, hay serias consecuencias que enfrentar en esta vida y en la eternidad.

Otra Escritura muy significativa relacionada al poder de la comunicación está en Proverbios 18:21, dice lo siguiente: *«Muerte y vida están en poder de la lengua, y los que la aman comerán su fruto».* Todos nosotros sabemos el dolor que hemos experimentado por las palabras que alguien nos ha hablado. De hecho, algunas de las heridas más profundas que podemos tener vienen de la manera de hablar insensible y descuidada de las personas cercanas a nosotros. Muchas personas viven en familias donde las palabras son usadas para herir y destruir. El sarcasmo, la crítica, el abuso verbal, la vergüenza y la ira se manifiestan como fuerzas negativas que matan las relaciones.

De la misma manera como las palabras pueden matar con facilidad, también pueden traer vida. Las palabras de nuestras bocas pueden animar, sanar, bendecir, y expresar amor y afecto. La elección es nuestra momento a momento. No hay nada que

Satanás ame más que convertir una casa en una zona de guerra verbal, él toma dos personas que solían hablarse palabras amables y afectuosas y gradualmente los convierte en terroristas verbales. No solamente ellos sufren, sino que también sus hijos se ven afectados en gran manera por su comunicación negativa.

La comunicación positiva y saludable comienza cuando entendemos el increíble poder de cada palabra que hablamos. Una vez que hemos hecho esto, debemos someter nuestras bocas al Señor y consagrarlas para que sean vasijas por las que Él pueda hablar. Literalmente, la boca que produce un matrimonio y una familia exitosa y sana, es aquélla que es guiada por el Señor. Conforme nos sometemos al Señor y le pedimos al Espíritu Santo que nos ayude a aprender a comunicarnos, nuestro lenguaje se transformará en una sanadora y amorosa fuente de vida. Nuestras palabras fueron hechas para traer vida en nuestras relaciones. La familia exitosa es una familia que tiene entendimiento de esto. Sus miembros se han sometido al Señor y permanentemente dan cuenta a Dios y unos a otros por la manera en la que se comunican.

El primer capítulo de Génesis dice que Dios creó el mundo con Sus palabras. En un grado importante, usted también crea su mundo con sus palabras. Su matrimonio y su mundo familiar son creados por sus palabras. Les puedo decir esto con certeza: si usted tiene un buen matrimonio, hay buenas palabras intercambiadas entre ustedes. Si usted tiene una familia feliz, seguramente hay palabras positivas intercambiadas entre ustedes.

También les puedo prometer esto: si usted tiene un mal matrimonio, hay pocas o no muy saludables palabras entre ustedes. Si usted tiene una familia herida y disfuncional, o no hay palabras o las que hay son negativas. Las palabras juegan un rol muy poderoso y dictan la atmósfera de nuestras vidas. Nos demos cuenta o no, las palabras tienen un poder creativo detrás de ellas. Por lo tanto, debemos tener cuidado de lo que hablamos porque vamos a vivir con los resultados, sean buenos o malos.

Otra Escritura que habla del poder de la comunicación está en el libro de Santiago. Él pinta una vívida imagen en nuestra mente de la influencia que tienen nuestras palabras en la dirección de nuestras vidas. Santiago 3:4 compara la lengua a un pequeño timón que dirige un gran barco. De acuerdo con Santiago, nuestras lenguas determinan la dirección de nuestras vidas. A pesar de que el timón de un barco pudiera parecer insignificante y no sea la parte más notable de la embarcación, todo en el barco depende del timón para llegar al lugar a donde se dirige. Esta es una verdad de la comunicación. Aunque tal vez esto no sea algo en lo que pensamos con frecuencia, las palabras que nos decimos uno al otro en nuestros matrimonios y en nuestras familias dictan la dirección a la que vamos. A pesar de lo insignificante que creamos que esto es, cada área de la vida familiar depende de una comunicación saludable para tener éxito.

SEIS CARACTERÍSTICAS DE LA COMUNICACIÓN DESTRUCTIVA

Una de las maneras en las que podemos empezar a mejorar nuestra comunicación familiar es aprendiendo a identificar las características de la comunicación no saludable. Muchos de nosotros hemos adoptado formas destructivas de comunicación desde nuestras experiencias infantiles. Especialmente si crecimos en hogares donde hubo mala comunicación, somos más propensos a tener problemas y a repetir los patrones de nuestro pasado. Aunque no hayamos crecido en un ambiente muy disfuncional, es importante que entendamos las características de la comunicación negativa para que las podamos evitar. Los seis rasgos más comunes de la comunicación destructiva son los siguientes:

1. El silencio:

Muchas personas usan el silencio para castigar e intimidar a sus cónyuges y a sus familias en lugar de platicar de las situaciones y resolverlas racionalmente. Al primer síntoma de tensión o de conflicto, lo más sano que se puede hacer es sentarse a platicar las cosas antes de que se salgan de control. Esto se vuelve más importante cuando el enojo está presente, mientras más pronto se trate abiertamente y se desarme, es mejor.

El silencio en un matrimonio y en una familia es una cosa peligrosa. No solamente es un comportamiento antisocial, sino también es una garantía de problemas prolongados. Muchos adultos que aconsejo, que han experimentado problemas emocionales y dolor por un tiempo largo, vienen de hogares donde uno o ambos padres usaron el silencio para castigar y controlar.

2. El abuso verbal:

No es extraño para las personas vivir en hogares donde la maldición y la intimidación verbal sean comunes. «Eres un tonto». «Tú, torpe, nunca lograrás nada». «Eres la oveja negra de la familia». «Desearía que nunca hubieras nacido». «Te voy a enderezar a punta de golpes», etc. Estos son ejemplos de abuso verbal.

Hay dos niveles de abuso verbal en las familias. El primero es entre cónyuges, esposos y esposas que pelean y empiezan a gritar, maldecir, ofender y despreciarse mutuamente. En algunos casos, el abuso verbal es acompañado de maltrato físico. No solamente es extremadamente dañino para los esposos hablarse de esta manera, sino que también es muy nocivo para los hijos escuchar a sus padres hablarse negativamente. Una de las cosas más importantes que unos padres pueden enseñar a sus hijos es a tener comunicación adecuada y a resolver conflictos. La razón por la que hay tanta violencia juvenil en las calles y en nuestras escuelas hoy en día es por causa de tanta hostilidad en el hogar. En muchos casos los jóvenes simplemente resuelven los conflictos de la misma manera que ven que lo hacen en sus casas.

El siguiente nivel de abuso verbal es entre padres e hijos. Los niños necesitan recibir dirección con paciencia y disciplina amorosa. El diseño de Dios para criar hijos es un padre responsable que usa el elogio y el apoyo positivo. Cuando nuestros hijos nos desobedecen deliberadamente, debemos usar disciplina consistente, justa y amorosa para corregirlos. Muchos padres que están preocupados en otros asuntos esperan que sus hijos les obedezcan y se desempeñen correctamente sin haberles enseñado a hacerlo. Sustituyen el paciente entrenamiento por la agresión verbal. Usando la ofensa, la intimidación, la vergüenza, y la maldición; estos padres tratan de producir por medio de la intimidación verbal lo que deberían de producir por medio de una educación cuidadosa.

3. La manipulación:

Conozco a una mujer que no podía concebir hijos, y eso le estaba rompiendo el corazón. Su doctor le dijo que no había ninguna razón médica por la que no pudiera concebir. Cuando empezamos a platicar acerca de algunos sucesos de su vida, ella me relató algo que le sucedió cuando era niña. Un día su mamá la atrapó haciendo algo malo y le dijo: «¿Por qué hiciste eso? Nunca podrás tener hijos». Esta madre, literalmente puso una maldición sobre su hija con sus palabras, y estaba causando en ella incapacidad física para concebir. Yo le expliqué a ella que este tipo de comportamiento no era de Dios. Oramos, rompiendo la maldición sobre ella en el nombre de Jesús; después, ella se embarazó y tuvo hijos.

Muchos padres y esposos usan la manipulación verbal para controlarse uno al otro y salirse con la suya. La manipulación es el uso deshonesto de una verdad parcial o la verda con el propósito de sacar su propia ventaja. La principal característica de la manipulación es el egoísmo. En vez de una conversación honesta y humilde para el mejoramiento de todos los involucrados, la manipulación busca inclinar la balanza hacia sí mismo sin revelar su verdadero móvil. Una relación que se construye alrededor de la manipulación es un enredo entretejido de desconfianza, deshonestidad y explotación.

4. El comportamiento inconsistente y errático

En un hogar disfuncional, un día usted es un ángel y al día siguiente usted es un diablo. Todos tenemos días mejores que otros. Sin embargo en las familias disfuncionales, los padres, o tal vez sólo uno de los dos va de un extremo a otro. Un día el mundo es grandioso, está de buen humor, y dice cosas positivas. Al día siguiente, ya no está de tan buen humor y ha «chorreado» palabras de enojo, inclusive ha dado algunos latigazos con la lengua. Los esposos y los hijos no saben qué esperar en este tipo de hogar. En este impredecible y malhumorado ambiente prevalece una atmósfera de inseguridad y desconfianza.

SECRETO 4: COMUNICACIÓN POSITIVA

Debemos de ser cuidadosos y tener comunicación consistente en nuestras relaciones. He aconsejado a muchas parejas casadas que han experimentado un rompimiento en la comunicación, y hemos encontrado que la raíz de esto fue porque uno de los cónyuges simplemente se cerró por desconfianza y porque sus sentimientos fueron heridos. Un esposo en particular me dijo que él había aprendido a no exponerse emocionalmente a su esposa, porque tan pronto como cambiaba de humor, su espíritu se volvía mezquino e hiriente. Aunque ella no podía entender por qué él estaba cada vez más abstraído y distante, el mal humor de ella y su comportamiento inconsistente eran la causa.

También es importante que nuestros hijos crezcan en un ambiente de consistencia. A pesar de cómo nos podamos sentir, necesitamos construir una atmósfera positiva en nuestro matrimonio y nuestras relaciones familiares.

Si algo nos está molestando, necesitamos tratar con ello de una manera sana, y no cargárselo a los demás. De igual manera, si no nos sentimos bien físicamente, necesitamos ser honestos y admitirlo y buscar estar bien. Sin embargo, la enfermedad no es una excusa para la mezquindad y el egoísmo.

5. La deshonestidad:

La comunicación familiar por sobre todas las cosas debe ser honesta. Esto no significa una honestidad insensible y gráfica de todo lo que sabemos. Significa que hablamos la verdad y tratamos con la realidad. Para los esposos, esto significa no negar los problemas y no ocultarse emocionalmente uno del otro. La honestidad es esencial para desarrollar la armonía y la intimidad y también para resolver conflictos.

En lo que se refiere a la educación de los hijos, los niños necesitan a alguien con quien platicar de sus temores, de sus heridas y de sus preguntas. Muchos padres usan la deshonestidad para tratar de evadir las preguntas de los niños o sus emociones. A los niños no les ayuda la deshonestidad relacionada a los problemas familiares, sexo, Dios, y otros temas delicados, esto simplemente pone al niño en un ambiente falso, en un camino que lo llevará a la desilusión, a la frustración y al fracaso. La razón por la que algunos padres son deshonestos es porque toman la salida fácil de la situación. Otros lo son porque se rechazan a sí mismos y les dan a sus hijos la respuesta de la que están tratando de convencerse ellos mismos. Una familia basada en la negación y la deshonestidad es como una casa de humo y espejos que eventualmente colapsará.

6. Guardar el secreto

Todos nosotros tenemos asuntos confidenciales que necesitan ser guardados dentro de la familia. Sin embargo, si hay destrucción en su familia, usted necesita decírselo a alguien para obtener ayuda. Cuando hay abuso sexual, abuso a uno de los esposos, abuso a alguno de los niños o cualquier otro comportamiento ilegal y destructivo dentro de la familia, alguien necesita ir por ayuda externa. Puede ser un amigo, un líder espiritual, o algunas veces hasta la policía tal vez tenga que ser llamada para intervenir en una situación.

A muchos niños que han salido de hogares disfuncionales y abusadores se les ha dicho, y aún se les ha amenazado con nunca decir a nadie lo que estaba sucediendo. Estos niños experimentaron o fueron testigos de cosas que van desde la violencia severa hasta el abuso sexual. Sin embargo, ellos fueron en-

SECRETO 4: COMUNICACIÓN POSITIVA

cerrados en una prisión virtual por una obligación insana de guardar los secretos oscuros de la familia.

Las familias exitosas honran la confidencialidad, pero no encubren la destrucción. Si nosotros somos víctimas de abuso o hemos presenciado comportamiento ilegal o destructivo en nuestra familia, necesitamos entender que el verdadero amor sale y busca ayuda. Nunca debiéramos demandar de los miembros de nuestra familia que nos permitan autodestruirnos o destruir a otros, y exigirles que nos encubran. En nuestras familias nos debemos amar lo suficiente los unos a los otros para mantener la confidencialidad, pero también debemos amarnos lo suficiente para exponer el abuso y la destrucción por el bien de la familia.

Al hablar de estas seis características de la comunicación destructiva, me doy cuenta de que algunas personas pueden identificarse con todas ellas. Sin embargo, la mayoría de nosotros nos podemos identificar con una o dos. Si usted se puede identificar con alguna de estas características, es probable que usted venga de un hogar que le enseñó a comunicarse de una manera saludable.

El primer paso para ser libre de problemas originados en su pasado es reconocer el problema y ser honesto en cuanto a ello. El segundo paso crítico es perdonar a sus padres si hicieron algo malo, y perdonar también a todos los que lo han dañado en algún grado. El tercer paso es someter esta área de su vida al Señor. Reconociendo sus fallas y debilidades, permita que el Señor le dé fuerza y le enseñe a comunicarse de manera correcta y sana.

No hay nada que no pueda ser perdonado, vencido y cambiado con la ayuda del Señor.

CUATRO FUNDAMENTOS IMPORTANTES PARA DESARROLLAR UNA ATMÓSFERA DE COMUNICACIÓN POSITIVA

Una vez que entendemos cómo identificar las características de la comunicación destructiva, necesitamos entender los fundamentos de la comunicación positiva. Muchos libros se han escrito para hablar de la importancia y de las técnicas de una comunicación adecuada. Estos cuatro fundamentos son principios básicos, fáciles de entender y de recordar.

1. El fundamento de una atmósfera positiva

Usted nunca podrá platicar en su familia si la atmósfera es de oscuridad emocional, negativismo, y crítica. Los Salmos nos dicen una poderosa verdad respecto a Dios. El Salmo 100:4 dice: «*Entrad por sus puertas con acción de gracias, y a sus atrios con alabanza. Dadle gracias, bendecid su nombre*». De acuerdo con esta Escritura, el secreto para entrar a la presencia de Dios son las acciones de gracias y la alabanza. El corazón de Dios se abre a la persona positiva que se acerca a Él. El libro de Génesis nos dice que Dios nos creó conforme a Su imagen. Por lo tanto, todos nosotros, nos demos cuenta o no, abrimos nuestros corazones a aquéllos que son positivos, y cerramos nuestros corazones a los que son negativos.

El espíritu de una persona se abre cuando es elogiada, pero se cierra cuando es criticada. Por lo tanto, dentro de la familia, necesitamos ser porristas los unos de los otros. Los esposos necesitan arraigar a sus esposas, y las esposas a sus esposos. Los padres necesitan arraigar a sus hijos. De hecho, El padre debería ser más positivo en cuanto a su hijo que cualquier otro que esté a su alrededor.

SECRETO 4: COMUNICACIÓN POSITIVA

Todos nosotros tendemos a ser atraídos por las personas que nos afirman. Es por esa razón que el hogar necesita tener una atmósfera afirmante y positiva. Cuando en un hogar hay una atmósfera positiva el esposo no puede esperar para llegar a su casa porque ahí es donde él es afirmado y edificado, se siente especial. La esposa no puede esperar para ver a su marido porque sabe que él la va a levantar y le va a decir cosas amorosas. Los niños aman estar con sus padres porque ellos los alimentan hablando cosas amorosas y positivas a ellos y de ellos.

El diablo sabe que si su hogar se vuelve un lugar de oscuridad o un lugar de palabras venenosas, ustedes no podrán relacionarse ni abrirse los unos con los otros. Es por eso que hace todo lo que puede para tomar nuestras bocas y convertirlas en espadas que cortan, hieren y matan. En una atmósfera así, nadie abre su corazón. Los chicos corren con sus amigos y les cuentan más cosas que las que les cuentan a sus padres. La esposa recurre a sus amigas o a su familia; el esposo recurre a sus amigos o a sus actividades. El resultado es un hogar emocionalmente estéril donde todos están cerrados y distantes, y todo por un espíritu negativo.

Para edificar una atmósfera positiva, necesitamos hacer de la alabanza y el elogio una disciplina diaria, algo afirmado permanentemente en nuestras vidas. Empezando con nuestra relación con el Señor, necesitamos alabarle todos los días. El Salmo 118:24 dice: *«Este es el día que el Señor ha hecho; regocijémonos y alegrémonos en el»*. La alabanza es nuestra decisión. Siempre hay algo por lo que podemos dar gracias y la alabanza lo encuentra. Cada día, debemos tener cuidado de tomar la decisión de alabar a Dios, si no lo hacemos, no sólo vamos a olvidar las cosas buenas de nuestras vidas y de la gente que nos rodea, sino que también, seguramente, empezaremos a ser negativos y críticos.

Además de nuestra disciplina de alabar y darle gracias a Dios, es importante hacer lo mismo unos por otros. Necesitamos recordar constantemente a nuestros cónyuges, a nuestros hijos y a nosotros mismos, lo que está bien en nuestras familias. Conforme elogiamos las cosas buenas, una atmósfera maravillosa de luz y gozo se desarrolla. Nos unimos amorosamente los unos con los otros por la afirmación y el ánimo que compartimos. Además, cuando elogiamos, nos ganamos el derecho de corregir. He oído muchas veces que se ha dicho que por cada comentario negativo que se hace, se necesitan siete positivos para compensarlo. Por lo tanto, si nuestra proporción de comentarios positivos y negativos no es de por lo menos 7 a 1, estamos desarrollando una atmósfera negativa en nuestras relaciones.

Aun cuando nos lamentamos o cuando corregimos, debemos tener cuidado de hacerlo de manera positiva. No les decimos a nuestros niños: «Oye pequeño monstruo, ¿por qué hiciste eso? En vez de eso decimos: «Eres un niño tan bueno, y te amo tanto. Tienes tanto potencial, y sé que puedes hacer las cosas mejor, por eso quiero que mejores en esto». En cuanto a los esposos, no nos reprochamos cada detalle, lamentándonos e insultándonos; sino que amorosamente hablamos la verdad en una atmósfera de afirmación, compromiso y alabanza.

2. El fundamento de la diversión y el buen humor

Frecuentemente se pasa por alto en discusiones serias acerca de la familia sana, pero es necesario que haya buen humor en el hogar. Dios es misericordioso, y Él casi siempre pone por lo menos un comediante en cada familia. Necesitamos estar agradecidos por las personas que traen gozo a nuestras familias y hay que respetar el beneficio de su influencia.

SECRETO 4: COMUNICACIÓN POSITIVA

El humorismo nunca debe ser crudo ni a expensas de alguien más. El sarcasmo es una forma de humor peligrosa porque casi siempre está cimentado en el enojo. Por lo tanto, el sarcasmo frecuentemente es una manera deshonesta e indirecta de comunicar algo malo. El humorismo en el hogar, también necesita ser puro. Las bromas sucias y el humorismo impuro están mal por razones obvias.

El humorismo no debe reemplazar o hacer que se evite una plática cuando es necesaria. Cuando algo malo ha sucedido o alguien de la familia está sufriendo, antes que nada debemos hacer saber a los involucrados que nos importa la situación y que estamos comprometidos a resolverla adecuadamente. Puede ser muy dañino emocionalmente para alguien que está sufriendo o teniendo un problema que las personas a su alrededor se estén riendo del asunto. El humorismo hay que guardarlo hasta que ya se han hecho todos los esfuerzos por expresar preocupación y compromiso para ayudar. Y aun entonces, las bromas siempre necesitan ser sensibles a las emociones de los otros.

Tener «buen humor» es una habilidad de disfrutarnos mutuamente y tener una actitud positiva hacia la vida. Muchas situaciones negativas y perjudiciales pueden ser tratadas mucho más fácilmente si mantenemos las cosas en la perspectiva correcta. Cuando una pareja o una familia deja de reírse y de divertirse juntos, se puede desarrollar rápidamente una atmósfera donde los problemas se convierten en monstruos amenazantes y las dificultades se vuelven callejones sin salida.

Necesitamos planear tiempos para disfrutarnos unos a otros y reírnos, una noche familiar jugando cartas u otros juegos, una salida especial a algún lugar divertido, viajes cortos o vacaciones más largas juntos, citas semanales para las parejas, todas éstas son maneras en las que una familia retiene un espíritu de alegría y diversión. Las relaciones familiares debieran ser divertidas. Todos disfrutamos estar alrededor de personas que tienen un sano sentido del humor. En nuestro matrimonio y relaciones familiares necesitamos mantener las cosas en perspectiva y no dejar que las presiones y los problemas de la vida nos roben el gozo.

3. El fundamento de compartir abiertamente y sin riesgo

Una familia exitosa es un lugar seguro para que los integrantes abran su corazón. En una familia sana hay amor consistente y un interés sincero, haciendo a cada persona digna de confianza. El hogar debería ser un santuario donde cualquiera de los miembros puede venir y abrir su corazón.

Los niños necesitan saber que pueden compartir cualquier cosa con sus padres. Cuando nuestro hijo Brent tenía cinco años, me preguntó una tarde durante la cena el significado de una palabra vulgar que dijo un amigo suyo. Era *la* palabra que usted no quiere que su hijo diga. Interiormente, tal vez estaba sobresaltado (Karen y Julie definitivamente lo estaban), pero mantuve la calma y le dije a Brent, de una manera que él pudiera comprender, que era una palabra que el diablo inventó para hacer que algo muy hermoso se viera sucio. Le di una definición muy general de sexo y le dije que Dios lo inventó como una hermosa expresión de amor entre un esposo y una esposa. Él aceptó mi explicación y eso fue todo.

Yo quiero que mis hijos vengan a mí por las respuestas, no que vayan a buscarlas con sus amigos. No quiero que aprendan acerca del sexo en la televisión o en las películas. Dios ha puesto el

SECRETO 4: COMUNICACIÓN POSITIVA

discipulado de los hijos en manos de los padres. No es la responsabilidad de la iglesia o de la escuela. Esas son solamente extensiones de los padres, no reemplazos de ellos.

En una atmósfera de apertura, los niños sabrán y entenderán que pueden platicar acerca de cualquier cosa. Esa sencillez y sinceridad debe existir entre esposo y esposa también. Al inicio de nuestro matrimonio, Karen me decía cosas a las que yo le respondía: «Karen, eso es tonto, eres una mujer emotiva, necesitas comprender bien las cosas». Diciendo cosas hirientes como esas, la avergonzaba y la empujé a apartarse de mí. Ella ya no se sentía segura para compartirme cosas debido a mi insensibilidad. Ahora, Karen sabe que cada cosa de su vida es importante para mí, y yo quiero que ella pueda platicar conmigo cualquier cosa. Tenemos una atmósfera de apertura.

Las familias disfuncionales rara vez permiten una atmósfera así. No se permite discutir ciertos temas, y si usted los toca, pagará el alto precio. La respuesta de una familia exitosa es: «Trataremos con nuestro enojo, nuestro dolor, nuestras preguntas y nuestras necesidades, te puedes expresar y no serás juzgado, tampoco serás atacado o condenado».

Vivir en una atmósfera segura y abierta para compartir del corazón también significa deshacerse de todas las distracciones que impiden las conversaciones profundas y significativas. Cuando alguien le diga que necesita platicar con usted, deje el periódico, apague la televisión y dele a esa persona su completa atención.

Cuando la persona termine de hablar, sea muy cuidadoso con su respuesta. Lo que se ha dicho es muy importante. En muchas familias nunca hay oportunidad de platicar. El papá promedio pasa muy poco tiempo en diálogo significativo con sus hijos diariamente. Muchos padres están demasiado ocupados y estresados. No solamente no toman tiempo para platicar con sus hijos, sino que tampoco tienen tiempo de hablar uno con el otro como pareja. En una situación así, el hijo y el cónyuge empiezan a sentirse rechazados y poco importantes.

Muchas veces los niños no saben cómo expresar el dolor en sus vidas. Los niños que han sufrido abuso, frecuentemente muestran señales de ello, pero solamente alguien que se interese por ese niño las captará, porque es subyacente. Muchas veces las personas comunican algo que no están diciendo verbalmente. Usted nunca lo captará, a menos que tenga contacto visual y esté prestando atención. Si usted realmente presta atención, se dará cuenta de que están sufriendo y preguntándose si alguien los ama. Ellos tal vez sientan que no son especiales o normales. Tal vez están preocupados de algo y solamente necesitan saber que a alguien le importa. Una atmósfera de apertura es la que comunica a su familia que ellos son más especiales que la televisión, el trabajo, el periódico, los amigos, o cualquier otra cosa. Cuando las personas en su familia sepan que usted los escucha y que se le pueden acercar, usted estará proveyendo un lugar seguro con una atmósfera amorosa, y las palabras podrán fluir.

5. El fundamento de la resolución de conflictos

Todos los matrimonios y las familias tienen conflictos que tratar. Las familias disfuncionales siempre se caracterizan por tener tensiones y conflictos sin resolver, debido a que no tratan con sus problemas, o porque intentan tratarlos de la manera equivocada, es por eso que sus problemas permanecen y afectan constantemente su capacidad de relacionarse.

SECRETO 4: COMUNICACIÓN POSITIVA

Las familias exitosas tratan con sus problemas. La atmósfera amorosa en sus hogares no es una fachada para esconderlos; es un espíritu genuino que está presente porque los problemas son tratados de manera positiva y exitosa. A continuación hablaré de unos principios importantes que le ayudarán a resolver conflictos en su matrimonio y sus relaciones familiares:

Trate los conflictos diariamente
Efesios 4:26-27, NVI dice: *«'Si se enojan, no pequen. No dejen que el sol se ponga estando aún enojados,' ni den cabida al diablo»*. No hay nada esencialmente malo con el enojo. Todos nosotros nos enojaremos muchas veces en nuestras vidas. De hecho, nadie es más efectivo para trastornar nuestras emociones que uno de los miembros de nuestra familia. Así que, como vamos a experimentar el enojo, y necesitamos ser sinceros al respecto, el verdadero asunto es cómo debemos tratar con él.

El texto de la Escritura en Efesios, capítulo 4, nos dice que seamos honestos en cuanto al enojo, pero que no pequemos. Necesitamos expresar nuestro enojo cuando lo sentimos, pero de una manera sana. También necesitamos expresar nuestro enojo hoy, y no dejarlo crecer o acumularse. Efesios 4:27 nos advierte que si vamos a dormir enojados, le damos una posición establecida al diablo. El coraje de ayer es una de las fuerzas más destructivas en el matrimonio y en la familia.

No deje que los problemas se acumulen, si lo permite, le va a dar al diablo una puerta abierta a su vida para corromper sus emociones y para acusar a la persona con la que usted está enojado. Algunas de las personas que dicen que ya no están enamorados de sus cónyuges están en esa condición porque sus emociones reprimidas y sin resolver los han amortecido internamente. Además, debido a sus sentimientos sin resolver, el diablo ha tenido la oportunidad de ser el intérprete de sus emociones y de convencerlos de rendirse y ya no esforzarse en esa relación.

Aun cuando las personas dicen que ya no están enamoradas, no es cierto. Las emociones positivas que tuvieron una vez simplemente están siendo ensombrecidas por las tensiones sin resolver. Una vez que los problemas son resueltos en los matrimonios y en las familias, el amor y el afecto resurgen rápidamente. Sin embargo, el enojo sin resolver y los problemas pueden crear una sensación tan profunda de dolor emocional y de falta de vida, que frecuentemente terminan en divorcio o en problemas mayores. Esta es la razón por la que debemos estar alertas y tratar con los problemas diariamente en nuestros matrimonios y en nuestras familias.

Cuando estamos comprometidos a tratar con los problemas diariamente, también debemos entender lo importante que es exponer nuestras emociones al Señor cada día. Algunas veces puede ser difícil o aun imposible lograr que alguien trabaje con nosotros para resolver un conflicto. En esas ocasiones, todavía podemos tratar con nuestras emociones y cerrarle la puerta al diablo llevando nuestro enojo y nuestra aflicción rápidamente al Señor. Buscar Su rostro en esos tiempos trae paz y una perspectiva divina de nuestra situación. La oración trae una resolución más rápida y significativa, aun cuando podemos trabajar con una persona para resolver el conflicto.

Trate los conflictos de una manera positiva

Tenemos una gran ventaja cuando tratamos con nuestras emociones mientras están frescas. Cuando empezamos a tratar de desenredar nuestras emociones con nuestros cónyuges, hijos o padres, con frecuencia es muy tentador empezar con amenazas o palabras hostiles. Una pareja a la que aconsejé por dificultades matrimoniales empezaba cada discusión con uno de ellos gritando: «Yo no sé si este matrimonio vale la pena o no; ¡tal vez lo que tengo que hacer es llamar a mi abogado!» Un joven que era un drogadicto rebelde venía de una familia donde su mamá regularmente le llamaba «estúpido» más que por su nombre. Supongo que ella pensaba que al decirle así, lo haría reaccionar y cambiaría su comportamiento. Ella se equivocó.

Cada encuentro con un miembro de la familia debería de empezar con una afirmación. Los esposos deberían iniciar la resolución de sus conflictos afirmando su amor, admiración y compromiso uno al otro. Este es un elemento importante en la resolución de conflictos. Si sabemos que somos amados es mucho más fácil tratar los problemas. Sin embargo, si alguien se nos acerca con su escopeta cargada y con semblante furioso, inmediatamente nos ponemos a la defensiva.

Como lo establecí al principio de este capítulo, los padres nunca deben llamar a sus hijos por otro nombre, a menos que sea un nombre bueno. También deben afirmar a sus hijos antes y después de disciplinarlos. Este reforzamiento positivo les comunica a nuestros hijos que los amamos a pesar de lo que está sucediendo. También les enseña a resolver conflictos con otras personas de su edad, con sus futuros cónyuges y con sus familias.

Confronte con humildad

Cuando usted está enfrentando un problema con un miembro de la familia, ¿cuál es su meta principal, ganar, o resolver el problema? ¿Y qué tal si usted *es* el problema? Cuando un espíritu de humildad está presente al acercarse a resolver un conflicto, la respuesta al problema es fácil de alcanzar porque una o ambas partes están dispuestas a mirar objetivamente los dos lados y tomar responsabilidad por sus propias acciones. Su deseo no es ganar; sino rescatar la relación y proteger las emociones de la persona que aman.

El orgullo es una de las fuerzas más mortíferas en una relación. El orgullo no quiere hacer la paz; quiere reinar. El orgullo no está dispuesto a aceptar la culpa; sino que demanda que otros acepten la culpa para mantener la posición dominante.

Jesús lavó los pies de sus discípulos y les ordenó que siguieran Su ejemplo. El esposo, padre, o miembro de la familia que está listo para resolver conflictos debe crucificar el orgullo de su vida y estar dispuesto a ser humilde. Una resolución real de un problema no es por medio de la intimidación, la dominación o la manipulación. La resolución tiene lugar cuando nosotros, con humildad, nos paramos en los pies del otro, dispuestos a servirnos mutuamente por el bienestar de la relación.

Escuche

Como padres, necesitamos escuchar a nuestros hijos. Muchas veces, las cosas que dicen pudieran parecer inmaduras o equivocadas, pero necesitan ser escuchados. También debemos escuchar lo que nuestros niños están diciendo de nosotros. Aunque es difícil de admitir, a veces estamos equivocados en la manera como los tratamos, y debemos reconocerlo antes de que cause una ofensa a nuestros hijos. Aunque todos los niños tienen una naturaleza pecaminosa, hay unos niños más rebeldes que otros por causa de una ofensa de sus padres, que los padres no estuvieron dispuestos a admitir o a resolver.

Conozco una pareja que estaba absolutamente dispuesta a no admitir que habían cometido errores con sus hijos jamás. Cuando alguno de sus hijos dice que su mamá o papá lo hirieron de alguna

SECRETO 4: COMUNICACIÓN POSITIVA

manera o que cometieron errores al educarlo, los padres se ponen hostiles y declaran que el niño es el problema, ¡nunca ellos!

Si nos sentimos tan amenazados que no estamos dispuestos a sentarnos con alguien a escuchar sus motivos de queja en cuanto a nosotros, es porque algo anda mal con nosotros.

¿Estamos dispuestos a escuchar a nuestros hijos cuando dicen que hemos sido injustos? Tal vez su crítica es verdad, si la escucho y sopeso cuidadosamente, crezco como hombre, como padre, como ser humano, y me hago más sensible al corazón de otros.

Yo creo que cada hombre necesita preguntarle a su esposa qué ve mal en él y en qué le gustaría que cambiara. La mayoría de las mujeres que he conocido son justas, muy relacionales y altamente intuitivas. La mayoría de lo que tienen que decir tiene valor y necesita ser dicho. Y aun más importante, ¡necesita ser oído y *escuchado* por su esposo! Cuando estamos dispuestos a escuchar las voces y los corazones de los miembros de nuestra familia, podemos tratar los problemas que de otra forma nos desgarrarían en pedazos. No escuchar es desarrollar resentimiento.

Las esposas también necesitan escuchar a sus esposos. Conforme un esposo expresa sus necesidades, heridas, temores y frustraciones, una esposa que escucha realmente, puede registrar lo que se ha dicho y responder a ello con una contestación sensible y oportuna.

Una de las razones por las que los conflictos en las familias nunca se resuelven es porque los miembros simplemente no se escuchan los unos a los otros. Todos haríamos bien en atender la admonición de Santiago 1:19, NVI: *«Mis queridos hermanos, tengan presente esto; Todos deben estar listos para escuchar, y ser lentos para hablar y para enojarse».*

Resuelva el problema
Cuando usted trata problemas en el matrimonio y la familia, es muy importante llegar a una conclusión y resolverlos. Algunas veces esto se logra llegando a un acuerdo. Cuando terminamos una conversación, es importante que no terminemos haciendo un escándalo o un comentario negativo como: «Bueno, espero que la próxima vez que esto pase, ¡te acuerdes de no cometer el mismo error!» Necesitamos terminar las conversaciones con amabilidad y firme determinación.

A veces ayuda reiterar la resolución final de una situación hasta que ambas partes están de acuerdo. Si se ha cometido un error, también es importante arrepentirse uno con el otro y perdonar. El arrepentimiento es importante porque le muestra a la otra persona que estamos aceptando la responsabilidad por nuestras acciones y que las tomamos con seriedad. El perdón es importante porque trae la resolución del problema. El verdadero perdón significa: «No sacaré esto en el futuro y no lo traeré a colación de manera negativa».

Al resolver problemas con nuestros hijos también es importante llegar a una solución. Después de darles con la vara u otras formas de disciplina, necesitamos hacer saber a nuestros niños que son amados y perdonados. No debemos permitir que nuestros hijos crezcan en una atmósfera de desaprobación y desgracia emocional.

Yo creo que la mejor manera de hacer que los problemas lleguen a una solución final es por medio de la oración. Nunca he aconsejado a una pareja que tenga serios problemas matrimoniales

SECRETO 4: COMUNICACIÓN POSITIVA

cuando oran juntos con regularidad. Tampoco he aconsejado nunca a alguna pareja que tenga problemas serios cuando resuelven sus conflictos diariamente.

Orar juntos crea un lazo entre nosotros, aun mayor que nosotros. Invita a Dios a entrar en la situación para sanar sentimientos heridos, para darnos fuerza para cambiar y para encender otra vez nuestras pasiones. El viejo dicho que dice: «La familia que ora unida, permanece unida» es cierto.

La comunicación positiva y la resolución de conflictos son habilidades adquiridas que todos nosotros podemos poseer. Al entender la importancia de la comunicación en el matrimonio y cómo el diablo quiere atacar desesperadamente esta área, necesitamos comprometernos cada día a tener una vida de crecimiento y seguir aprendiendo cómo comunicarnos mejor. Los beneficios valen la pena. Empiece por retarse a sí mismo hoy a practicar una comunicación sana y positiva y a resolver los conflictos. ¡Su matrimonio y su familia nunca serán los mismos!

Secreto 5: AUTORIDAD PATERNA APROPIADA
El quinto secreto de las familias exitosas

Una familia sana se caracteriza por tener orden y respeto mutuo. Estos elementos están presentes en las familias donde la autoridad paterna se ejercita adecuadamente. Dios ha investido a los padres con una autoridad que fluye de Él con el propósito de que se extienda Su voluntad en su familia y más allá. Esta verdad está ilustrada en Mateo, capítulo 6. En este texto, Jesús nos enseñó a orar lo que comúnmente se llama: «El Padre nuestro». En esta oración, somos instruidos a orar diariamente, *«Venga tu reino. Hágase tu voluntad, así en la tierra como en el cielo»*. (Mateo 6:10). La palabra «reino» significa «gobierno y autoridad directo». Por lo tanto, nuestra oración diaria debería incluir una súplica a Dios por una extensión de Su autoridad y voluntad en nuestras vidas personales, en nuestros matrimonios y familias, extendiéndose dentro de cualquier otra área de nuestras vidas.

El enfoque de la vida cristiana sometida es sujetarse a la autoridad y voluntad de Dios cada día. De esta manera, vivimos en la bendición de tener Su paz y Su presencia. La Biblia nos enseña que la autoridad viene de Dios y es para nuestro bien (Romanos 13). La sumisión a la autoridad es considerada una virtud, y la rebelión es considerada un pecado muy serio (1 Samuel 15:22-23). Por lo tanto, la autoridad paterna es una influencia necesaria y justa que fomenta la voluntad de Dios y previene que nuestra naturaleza pecaminosa destruya el potencial de cada miembro de la familia así como a la familia como un todo.

Otro punto importante que necesita ser señalado acerca de la autoridad de los padres es la importancia que la Biblia da a los niños que honran y obedecen a sus padres. Una de las promesas más poderosas en la Biblia está conectada al mandamiento que se nos da de honrar a nuestros papás y a nuestras mamás.

> *Hijos, obedezcan en el Señor a sus padres, porque esto es justo. «Honra a tu padre y a tu madre» que es el primer mandamiento con promesa, «para que te vaya bien y disfrutes de larga vida sobre la tierra»* (Efesios 6:1-3, NVI).

La Biblia le ordena al niño que obedezca y honre a sus padres. Este es el primero de los Diez Mandamientos que Dios le dio a Moisés, con una profunda promesa. Dios está tratando de comunicarnos algo concerniente a los valores de Su Reino así como a la importancia de la autoridad y la sumisión. Por lo tanto, los padres que no ejercen una autoridad justa y requieren de sus hijos que les obedezcan y los honren, no solamente están creando problemas para ellos mismos y para la sociedad; sino que también están poniendo sobre sus hijos la maldición de una vida llena de problemas separada de las bendiciones y las promesas de Dios.

Aunque todo lo que acaba de leer acerca de la autoridad es cierto, es todo lo contrario a lo que dice el mundo a nuestro alrededor. Hoy en día, la sumisión es considerada como señal de una mente

SECRETO 5: AUTORIDAD PATERNA APROPIADA

débil, y la rebelión es considerada como un atributo que hay que respetar. Solamente mire alrededor a las estrellas de cine ganando muchísimo dinero, los atletas ganando la mayoría de la atención y las personas más celebradas de la nación; si los observa, pronto se dará cuenta que muy pocos, (si es que hay algunos de ellos), son cristianos comprometidos y sometidos. La verdad es que la mayoría de ellos son ateos,ególatras con un espíritu rebelde.

Los niños son bombardeados con mensajes de rebeldía a través de la televisión, el cine, la música y otras cosas. Las esposas son menospreciadas si respetan y honran a sus maridos. Los hombres son perseguidos si tratan de ser hombres de Dios, esposos y papás fieles. Para probar este punto, les comento que (en los Estados Unidos de América) el movimiento nacional entre los hombres llamado «Guardianes de la Promesa» ha sido verbalmente atacado por el medio secular, los homosexuales y los grupos de mujeres radicales. Esto prueba cómo ha caído esta nación.

Para que podamos empezar a detener una destrucción en masa de matrimonios y familias y podamos construir fundamentos sólidos para la vida familiar, debemos rechazar totalmente el mensaje de rebelión del mundo a nuestro alrededor y empezar a orar para establecer la autoridad justa de Dios en nuestros hogares. Conforme hagamos esto, debemos empezar a ejercer una autoridad paterna justa, ya que es un elemento esencial para el éxito familiar y la supervivencia. Cuando la autoridad de los padres se ejerce adecuadamente, crea una estructura para tener relaciones sólidas y amorosas. Sin embargo, cuando la autoridad está ausente, es una invitación a que las influencias más horribles de adentro y de afuera destruyan el matrimonio y la familia.

Para ayudarnos a tener un entendimiento de los elementos necesarios para establecer y mantener una autoridad adecuada, lo que resta de este capítulo será usado para explicar las tres características de la autoridad paterna apropiada.

TRES CARACTERÍSTICAS DE LA AUTORIDAD PATERNA APROPIADA

1. La autoridad paterna apropiada demuestra sumisión a la autoridad

Con frecuencia les digo a las personas que la crianza de los hijos es más «adquirida» que «enseñada». Lo que sus niños ven en usted tiene una influencia más poderosa que lo que les dice y lo que les pide que hagan. Por consiguiente, cuando los padres tienen una brizna de rebelión ventilando en su propia personalidad, traen una atadura para subir el nivel de rebelión que naturalmente existe en sus hijos. Estos padres tendrán más dificultades en mantener la rebeldía de sus hijos bajo control porque sus vidas contradicen las demandas que han puesto sobre ellos.

El apóstol Pablo tuvo un mensaje para los padres de la iglesia de Éfeso: *«Y vosotros, padres, no provoquéis a ira a vuestros hijos, sino criadlos en la disciplina e instrucción del Señor»* (Efesios 6:4). Pablo exhorta a los padres a que no provoquen a ira a sus hijos. La principal manera en la que los papás pueden hacer esto es requiriendo de sus hijos algo que ellos mismos no están dispuestos a hacer. Cuando los padres son hipócritas y se rehúsan a vivir en los estándares que imponen a sus hijos, causan un resentimiento inmediato en ellos, así como el rechazo a los estándares de los padres.

Después de que Pablo les dice a los papás que no provoquen a ira a sus hijos, les ordena que los críen en la *«disciplina e instrucción*

SECRETO 5: AUTORIDAD PATERNA APROPIADA

del Señor». Criar a un niño no es lo mismo que hablar con él y darle instrucciones verbalmente. Criar a un niño quiere decir darle un modelo de lo que se espera que él haga. Como un ejemplo vivo, revélele la manera correcta de amar a Dios, a otros y a encontrarse con la vida. De esta manera los niños aprenden

Para entender la importancia de este asunto, los esposos, las esposas y los padres necesitan pensar en sus actitudes concernientes a la autoridad y lo que están comunicando a sus hijos. Nuestra disposición real a someternos a la autoridad se puede saber contestando con honestidad las siguientes preguntas:

- ¿Estoy realmente sometido a la autoridad de Dios? ¿Oro antes de tomar mis decisiones y consulto la Palabra de Dios buscando respuestas?
- ¿Creo que la autoridad es necesaria para mi vida? ¿Veo la autoridad de Dios, la autoridad de mi pastor, de mi jefe, de mi cónyuge como influencias necesarias y positivas en mi vida, o las veo como influencias negativas que restringen mi necesidad de expresión y deleite?
- ¿Soy corregible? ¿Tengo un espíritu dispuesto a aprender? ¿Cómo respondo cuando soy confrontado o corregido por la autoridad?
- ¿Hablo negativamente de la policía, de los líderes gubernamentales, de los líderes de la iglesia, de mi jefe en el trabajo u otros líderes?
- ¿Tengo la actitud que quiero que mis hijos tengan hacia la autoridad? Si mis hijos al crecer fueran como yo, ¿los bendeciría Dios?
- ¿Estoy reforzando a las figuras de autoridad que están tratando de fomentar la responsabilidad en mis hijos, (como sus maestros), o tomo la ofensa de mi hijo contra ellos y cuestiono su autoridad?

Lo que respondamos con honestidad a estas preguntas nos ayudará a ver si tenemos el primer requisito para ejercer una autoridad paterna apropiada. Conforme examinamos nuestros corazones respecto a estos asuntos, debemos darnos cuenta que la vida de nuestros hijos, tanto la presente como la futura, será profundamente influenciada por la actitud que tengan hacia la autoridad. Los padres que dan a sus hijos un ejemplo a seguir y ejercen una autoridad apropiada en las vidas de sus hijos, están haciendo algo increíblemente importante para sus hijos y para ellos mismos.

Sea un buen ejemplo a sus hijos teniendo una actitud positiva hacia la autoridad. Asimismo, en las ocasiones en las que usted no esté de acuerdo con una persona en autoridad, o tal vez inclusive con el gobierno, permita que sus hijos lo vean orando por ellos y haciendo una súplica justa delante del Señor. Enséñeles a sus hijos cómo tratar con las ofensas y diferencias con la autoridad de una manera justa. En ocasiones cuando una persona en autoridad pudiera estar en pecado, o presionando a su hijo a pecar, enséñeles cómo rechazar el comportamiento pecaminoso sin demostrar un espíritu rebelde. Algunos personajes del Antiguo Testamento como Daniel, José y Ester nos dan un ejemplo maravilloso de cómo vivir una vida íntegra bajo una autoridad injusta. Enseñe a sus hijos estas historias bíblicas y platíqueles acerca de cómo responder a la autoridad, sea justa o injusta.

2. La autoridad paterna apropiada honra el orden de Dios para el hombre y la mujer

Una vez que yo estaba aconsejando a una pareja que tenía los papeles invertidos y tenían problemas matrimoniales. El esposo

SECRETO 5: AUTORIDAD PATERNA APROPIADA

era pasivo y quejumbroso, y su esposa era agresiva y dominante. Este es un escenario muy común en muchos matrimonios. Por supuesto, nunca funciona. El esposo, sin importar el buen temperamento que parezca tener, se siente privado de su virilidad por su esposa y resiente su dominio sobre él. La esposa, dura y fuerte, resiente y menosprecia la debilidad de su esposo.

Conforme aconsejaba a esta pareja por sus problemas, empezaron a contarme acerca del comportamiento de sus hijos. Tenían un hijo y dos hijas. El muchacho, que tenía trece años, mostraba mucha agresión y resentimiento hacia sus hermanas y su mamá. Las hijas de catorce y nueve, estaban mostrando trastornos de dominio y resentimiento hacia los hombres.

A pesar de que todos los niños en ocasiones tienen actitudes inmaduras respecto al sexo opuesto, el niño que crece en un hogar donde los papeles sexuales están invertidos o no están definidos con claridad, por tanto, está en desventaja. Después de que esta pareja me platicó de sus hijos y de su comportamiento hacia el sexo opuesto, yo les comuniqué a ellos que sus hijos simplemente estaban respondiendo al ambiente de su casa. Eso los agarró con la guardia completamente abajo. Nunca habían relacionado la forma en la que ellos se trataban con el comportamiento de sus hijos.

Por más extraño que parezca, muchos padres no se dan cuenta del hecho que todo lo que ellos hacen, comunica algo a sus hijos en cuanto a su propio sexo y en cuanto al sexo opuesto. De la manera en la que un hombre se relaciona con su esposa, está comunicando a sus hijas cómo ver a los hombres, bien o mal. Él está siendo un modelo de lo que ellas pueden esperar de los hombres y del matrimonio, también está enseñando a sus hijos cómo tratar a las mujeres y cómo ser tratado por ellas.

La manera en la que una mujer se relaciona con su esposo, es la manera que está enseñando a sus hijos a ver a las mujeres y a relacionarse con ellas. También está mostrando a sus hijas cómo tratar a los hombres y cómo responder a ellos.

El ejemplo que demos a nuestros hijos en cuanto a nuestros roles sexuales, es de suma importancia en su desarrollo. La pareja que tenía problemas de resentimiento con su hijo, y problemas de dominio y agresividad con sus hijas es un buen ejemplo. El hijo había acumulado resentimiento hacia sus hermanas y su mamá, por su comportamiento dominante. A pesar de que el papá estaba dispuesto a tolerar esto, su hijo tuvo la reacción contraria. Esto es lo que sucede cuando los roles sexuales están al revés. Sus hijos van a seguir su patrón o lo van a rechazar totalmente. De cualquier manera, ellos han sido desviados por su ejemplo. Muchos hombres que dominan a las mujeres fueron criados en hogares donde sus papás hicieron lo mismo a sus mamás, o fueron criados en hogares con papás débiles y mamás dominantes, y juraron que jamás los dominaría una mujer otra vez. El mismo ejemplo se aplica a muchas mujeres dominantes.

Las dos hermanas jóvenes que estaban siendo agresivas con su hermano, su papá, y con los hombres en general, simplemente habían aprendido de su mamá cómo tratar a los hombres. El comportamiento pasivo del papá, y el comportamiento agresivo del hermano, solamente estaban reforzando en las mentes de las hijas su necesidad de desconfiar y dominar a los hombres.

Inocentemente, a estas dos muchachas se les había tendido una trampa para tener una vida de frustración y dolor debido a la distorsión de los roles sexuales que estaban presenciando en las vidas de sus padres.

SECRETO 5: AUTORIDAD PATERNA APROPIADA

La autoridad paterna apropiada debe ser desarrollada sobre una buena relación entre una pareja y Dios, así como entre ambos. Para un padre soltero, esto implicaría que usted debe vivir su rol sexual según su género de manera auténtica, sin importar las responsabilidades extra que tal vez tenga que asumir.

Sin hacer caso de su personalidad, o de cómo fue educado, su rol sexual nunca deberá ser dictado por su pasado ni por ninguna otra influencia cultural. Su rol sexual en el matrimonio debe estar basado en la Palabra de Dios y en el diseño de Dios para su vida. Cualquier otro criterio es insuficiente y no le dará el fundamento que necesita para su realización personal, su éxito matrimonial ni para ser un ejemplo apropiado de su rol sexual a sus hijos.

El matrimonio perfecto está descrito en Efesios, capítulo 5. Estoy seguro que usted ha leído este texto antes, pero quiero que lo lea otra vez cuidadosamente, y vea lo que dice en cuanto a los roles sexuales y responsabilidades de un hombre y una mujer justos.

> *Las mujeres estén sometidas a sus propios maridos como al Señor. Porque el marido es cabeza de la mujer, así como Cristo es cabeza de la iglesia, siendo Él mismo el Salvador del cuerpo.*
> *Pero así como la iglesia está sujeta a Cristo, también las mujeres deben estarlo a sus maridos en todo. Maridos, amad a vuestras mujeres, así como Cristo amó a la iglesia y se dio a sí mismo por ella, para santificarla, habiéndola purificado por el lavamiento del agua con la palabra, a fin de presentársela a sí mismo, una iglesia en toda su gloria, sin que tenga mancha ni arruga ni cosa semejante, sino que fuera santa e inmaculada.*
> *Así también deben amar los maridos a sus mujeres, como a sus propios cuerpos.*
> *El que ama a su mujer, a sí mismo se ama.*

> *Porque nadie aborreció jamás su propio cuerpo, sino que lo sustenta y lo cuida, así como también Cristo a la iglesia; porque somos miembros de su cuerpo. Por esto el hombre dejará a su padre y a su madre, y se unirá a su mujer, y los dos serán una sola carne. Grande es este misterio, pero hablo con referencia a Cristo y a la iglesia. En todo caso, cada uno de vosotros ame también a su mujer como a sí mismo, y que la mujer respete a su marido.* (Efesios 5:22-33)

Este pasaje describe el matrimonio perfecto. Una mujer que honra, está casada con un hombre que sacrifica. Él es fuerte, pero usa su fuerza para exaltar y honrar a su esposa. Ella es su igual, pero usa el amor sacrificado que recibe de su esposo para amarlo y honrarlo. Esta pareja está profundamente enamorada, y su comportamiento perpetúa su amor y suple las necesidades profundas de ambos.

A pesar de que tal vez no tengamos este tipo de matrimonio ahora, la pareja cristiana necesita desear tenerlo, que sea su meta. Al hacerlo, se crea una responsabilidad a un estándar verdadero. Cuando un esposo es egoísta y abusivo, sabe que está mal porque ha violado el diseño descrito en la Palabra de Dios. Cuando una esposa deshonra y domina, sabe que ha transgredido los estándares bíblicos. Cuando ambos tienen el estándar correcto, y se mantienen responsables a él, empiezan a progresar hacia un orden y respeto mutuo en su hogar.

La razón por la que este punto es tan importante, no es solamente para ser ejemplo de los roles sexuales a nuestros hijos; sino que también es porque no podemos producir en nuestros hijos algo que no tenemos. No podemos dar algo sin tenerlo. La razón por la que muchas parejas no logran producir orden y respeto en sus hijos, es porque no lo tienen entre ellos. El desorden y rebelión que hay en sus hijos es una proyección de

SECRETO 5: AUTORIDAD PATERNA APROPIADA

su propia relación. Es lógico esperar que los niños alcancen un nivel más alto que sus padres.

Hay una historia en el cuarto capítulo del libro del Evangelio según San Marcos, acerca de la vez cuando Jesús habló al mar y dijo: *«¡Silencio!, ¡Cálmate!»* (Marcos 4:39, NVI). Los discípulos y Jesús fueron atrapados en una tormenta terrible. Los discípulos tenían miedo de que su bote se hundiera y se ahogaran. Sin embargo, en el momento que Jesús dijo: *«¡Silencio!, ¡Cálmate!»*, todo a su alrededor se tranquilizó. La razón por la que Jesús pudo producir paz afuera es porque Él estaba lleno de paz por dentro. La razón por la que los discípulos no tenían poder sobre la tormenta es porque ellos estaban llenos de miedo y ansiedad. La tormenta que estaba a su alrededor era un espejo de su alma.

Mamás, papás, ustedes no pueden producir en sus hijos algo que no tienen. Si su casa está llena de confusión y caos, no culpen a los niños; examinen su propio corazón y su relación. Tan pronto como ustedes comiencen a trabajar en su relación con Dios y con su cónyuge, y obedezcan la Palabra de Dios, encontrarán una autoridad natural nueva que extenderán a sus hijos también.

La autoridad paterna apropiada no es una posición dominante o reglas exigentes con dura disciplina; es un ejemplo vivo de sumisión bíblica a los preceptos de Dios en nuestras vidas. Conforme revelamos esto a nuestros hijos, no solamente les damos un fundamento con una verdadera imagen del rol sexual y un modelo de éxito genuino, sino que también los facultamos con una autoridad dada por Dios. El precepto y el respeto dentro de nosotros, puede calmar los mares de nuestra vida familiar con una simple orden. Debido a que está dentro de nosotros, puede fluir natural y poderosamente de nosotros hacia el exterior.

3. La autoridad paterna apropiada refuerza la disciplina amorosa y consistente

Sería verdaderamente maravilloso que nuestros hijos no tuvieran una naturaleza pecaminosa y fueran buenos naturalmente. Esto es lo que enseña el humanismo secular. Casi toda la enseñanza relacionada a la educación y a la disciplina de los niños que se enseña en las escuelas, en las universidades, en las revistas, y en los medios, está basada en la creencia de que los niños son buenos por naturaleza y que sus problemas son originados por la disfunción familiar y social que existe. Por lo tanto, de acuerdo a la enseñanza secular humanista, la disciplina para un niño es cruel y contraproducente. Según la creencia humanista, lo que todos los niños necesitan es ser redirigidos con paciencia para ponerlos en contacto con su «bondad natural».

Como mencioné con anterioridad, sería muy bueno si nuestros niños fueran obedientes de manera natural y sin pecado. Sin embargo, esto no es verdad. No solamente se nos dice en la Biblia que todos tenemos una naturaleza pecaminosa (Isaías 53:6 y Romanos 3:23), pero la realidad también nos revela el hecho de que los niños son inherentemente egoístas, rebeldes y necios. Estos tres factores hacen una combinación peligrosa. Me asombra que los humanistas seculares crean lo que creen. ¿Acaso no tienen hijos?

Por supuesto que amamos a nuestros hijos sin importar sus imperfecciones; son maravillosos regalos de Dios. Nuestro trabajo como padres es cuidar de ellos conforme los protegemos, criamos y educamos para que ellos triunfen. No medimos el éxito en términos monetarios o de acuerdo a los estándares de la sociedad. La autoridad paterna apropiada mide el éxito por el desarrollo del carácter de Dios y los valores eternos. Por lo tanto, una

SECRETO 5: AUTORIDAD PATERNA APROPIADA

perspectiva bíblica para nuestros niños, y los estándares de Dios para su carácter y desarrollo son esenciales.

Cuando comenzamos a criar a nuestros niños, notaremos las primeras manifestaciones de rebelión desde las primeras etapas de sus vidas. Tan pronto como pueden entender órdenes sencillas, necesitamos empezar a comunicarles amorosa y claramente lo que esperamos que hagan; después necesitamos asegurarnos de que nos entendieron.

La primera vez que discipliné a mi hija, Julie, tenía un poco más de un año. Estábamos en casa de mi abuela, y Julie estaba a punto de agarrar una taza china. Caminé hacia donde ella estaba y le dije: «No, no toques esa taza». Gentilmente la recogí y la llevé al cuarto donde había estado jugando anteriormente.

No le tomó más de treinta segundos atravesar el cuarto de regreso hacia esa taza. Tan pronto como la estaba alcanzando nuevamente, se volteó a verme sobre su hombro con una mirada de culpabilidad. Yo le sonreí y le dije: «No, no la toques o papi te pegará en la mano». Yo golpeé mi propia mano para mostrarle lo que le sucedería si tocaba la taza. Ella me devolvió la sonrisa y agarró la taza. Yo caminé hacia ella y le pegué en la mano con suavidad, otra vez le dije: «No, no toques la taza».

Julie lloró cuando le pegué en la mano. La levanté y la consolé, le dije que la amaba y me aseguré de que había entendido que ya todo estaba bien. Ya que estaba tranquila la bajé de mis brazos y le dije que fuera a jugar, pero que no tocara la taza. Ella se divirtió y no la volvió a tocar.

Mis dos hijos ya crecieron. Mientras los educaba, nunca los asusté, nunca los maltraté ni tuve que ir a extremos para mantenerlos bajo control. La razón fue, porque desde que empezaron a expresar rebeldía, Karen y yo, amorosa y consistentemente los disciplinamos. Al hacerlo, pudimos disfrutar a nuestros hijos al máximo, y ellos pudieron vivir en una atmósfera segura y productiva. Todavía tenemos una relación maravillosa con nuestros hijos, y ellos se han convertido en jóvenes adultos bien conformados y exitosos. Karen y yo estamos tan orgullosos de ellos, que pensamos que tenemos los chicos más grandiosos del mundo. (Por supuesto, ¡estamos siendo parciales!)

Es una lástima observar a los padres rogando a sus hijos para que se comporten, o tratando de manejar la rebelión sin ejercer verdadera autoridad. Con la falta de información de cómo educar de los humanistas seculares y la erosión de la autoridad que hay hoy en día, es muy fácil que los padres se sientan sin ayuda y confundidos. A pesar de que esto es común, está mal. Sin importar lo que diga el gobierno, la psicología moderna o los medios, Dios dotó a los padres con autoridad; y necesitan usarla por el bien de sus niños y de nuestra sociedad.

Los «expertos» en Estados Unidos de América, están cambiando de opinión constantemente acerca de lo correcto y lo incorrecto, de lo bueno y de lo malo, de lo aceptable y lo inaceptable. Su consejo es como arena movediza, cada década las reglas cambian, si usted educa a sus niños de acuerdo a su consejo, desperdiciará sus energías, solamente para darse cuenta de que lo que usted hizo, ya es visto como equivocado, y que ahora ya han descubierto una «mejor manera».

Yo quiero recordarle que Dios tiene la mejor manera. Sus estándares son eternos y nunca cambiarán. Por lo tanto, cuando usted confía en lo que dice la Palabra de Dios y educa a sus

SECRETO 5: AUTORIDAD PATERNA APROPIADA

niños de acuerdo a ella, usted acertará. Para ayudarle a entender algunos principios básicos de cómo disciplinar a sus niños apropiadamente, aquí hay algunas directrices que seguir:

CUATRO DIRECTRICES PARA DISCIPLINAR EFECTIVAMENTE

1. Comunique claramente lo que espera y el castigo por no hacerlo

Criar niños con eficacia comienza por explicarles con paciencia la diferencia entre lo bueno y lo malo. Como padres, necesitamos hablar con nuestros niños, instruirlos, y desarrollar tal relación con ellos, que podamos explicarles nuestras expectativas completa y amablemente. Es indebido gritar agresivamente órdenes a los niños o disciplinarlos por algo que no entienden. Los niños crecerán con resentimiento e inseguridad cuando no son informados completa y pacientemente.

Cuando usted les diga a sus niños lo que espera que ellos hagan y lo que no hagan, dígales qué sucederá si violan las reglas. Por supuesto, el castigo debe ser justo, use el sentido común, si es demasiado estricto, dañará a sus niños y aplastará su espíritu. Si es demasiado indulgente, no obtendrá su atención ni podrá refrenar su comportamiento.

En 1995, yo entrevisté a Gary Smalley para nuestro programa de televisión. Gary es un orador conocido, y es autor, experto en el matrimonio y las relaciones familiares. Hablando de su propia familia, él habló de cómo desarrollaron una «constitución familiar» que tenían colgada en la pared de su casa. Gary tomó la idea de la aplicación de una ley oficial que trataba con mucha experiencia a niños y adolescentes delincuentes.

Gary, su esposa, y sus hijos, discutieron juntos las reglas del hogar y el castigo por romper cada regla. Conforme definieron las reglas, las escribieron en un papel. Cuando terminaron, hicieron un cuadro y lo colgaron en la pared para que todos lo vieran. Esta es una manera grandiosa de asegurarse que todos entienden las reglas y el castigo por romperlas.

Una de las necesidades más grandes de los niños hoy día es tener reglas definidas con claridad. Debido a la ausencia y apostasía de muchos padres hoy, los niños no tienen reglas claramente definidas para vivir en ellas; esto les crea confusión y frustración. También los hace mucho más susceptibles a la presión de los que los rodean porque están viéndose en la necesidad de hacer las cosas a su manera. Los estándares claros, justos y bien comunicados a los niños con paciencia y en términos amorosos, ponen el cimiento para la disciplina efectiva.

2. Sea consistente en la disciplina

Cuando usted les dice a sus niños lo que espera de ellos y la penalidad por la desobediencia, usted debe reforzar la disciplina cada vez que transgreden. Si lo hace, demostrará a sus hijos que usted está hablando en serio. Por lo tanto, será mucho más fácil mantenerlos bajo control, si no lo hace, los va a confundir.

Cuando usted no persevera en la disciplina, está entrenando a sus hijos a no escucharlo. Y si usted se espera hasta que está tan frustrado, que los disciplina con enojo, los está confundiendo y causando resentimiento en ellos. Uno de los

SECRETO 5: AUTORIDAD PATERNA APROPIADA

problemas más peligrosos de no disciplinar a los niños consistentemente es que las emociones de los padres se pueden salir de control, de ahí proviene la mayoría del abuso. Por el bienestar de los padres y los niños, tanto el papá como la mamá en el hogar deben reforzar los estándares de conducta consistentemente.

Otro problema serio de la inconsistencia es que desorienta a los niños en cuanto a Dios. Como padres, necesitamos darnos cuenta que somos la mayor influencia en la formación del concepto que tengan nuestros niños de Dios. Cuando los padres no son perseverantes en la disciplina, les están enseñando a sus niños que Dios no habla en serio. Eso es incorrecto. Cuando Dios nos hace una promesa o nos da una advertencia, Él lo lleva a cabo el cien por ciento de las veces. Si nosotros vamos a educar a nuestros niños adecuadamente, y a reflejar la naturaleza de Dios correctamente, también debemos perseverar.

3. Discipline en amor

Cuando usted le ha comunicado a su hijo lo que espera de él, y le desobedece, es tiempo de reforzar sus estándares. Al hacerlo, depende de los padres decidir cuál método de castigo es más apropiado y efectivo. Necesitamos recordar que la disciplina es algo que hacemos *por* nuestros hijos, no *a* nuestros hijos. No está diseñada para darnos satisfacción emocional o para satisfacer nuestra necesidad de venganza; está hecha para formar en nuestros hijos el respeto a la autoridad, y para crear una conexión mental entre la desobediencia y el disgusto.

Conforme consideramos cómo disciplinar, le comentamos estas opciones:

- *Dándoles con la vara.* Pegándoles en los glúteos con una pala o un instrumento de madera, (sin golpear o sacudirlos, y sin usar su mano sola sin la vara). Aunque es altamente controversial en nuestra sociedad, es la forma de disciplina más recomendada en la Biblia (Proverbios 13:24; 22:15; 23:13-14; 29:15). Dar con la vara apropiadamente es bueno porque es veloz, efectivo, y ahí termina todo. No se prolonga por horas o días, pronto trata con el problema y ahí termina. Sin embargo, a pesar de que es efectivo, no es la respuesta para cada ocasión.
- *Castigándolos.* Restringirles ciertas amistades, actividades o placeres. Para los niños más pequeños esto se puede llamar «tiempo fuera». Para adolescentes mayores el castigo puede durar desde un día, hasta muchas semanas. Para un niño más pequeño debe ser mucho más corto, desde diez minutos, hasta varias horas. Esto debe incluir restricción de juguetes, amigos, televisión, etc.
- *Tareas extras.* Sacar la basura, hacer la limpieza, cortar el pasto, etc.
- *Restitución y arrepentimiento.* Dirigiéndose a la persona o la situación donde el niño transgredió, es importante que reconozca la culpa, pida perdón y restaure lo que se haya dañado o tomado. Este tipo de disciplina es especialmente apropiada cuando un niño ha maltratado a otro (hermano, hermana, amigo) o cuando se ha cometido una ofensa contra la sociedad.

Tan pronto como hemos escogido nuestro método de disciplina, necesitamos ser cuidadosos en cómo lo administramos. Si somos consistentes en nuestra disciplina, nuestras emociones no se van a salir de control. Si no tenemos el dominio de nuestras emociones, debemos de tomar unos minutos para tranquilizarnos antes de aplicar la disciplina. Ya que estamos

SECRETO 5: AUTORIDAD PATERNA APROPIADA

controlados, debemos tratar de hablar con el niño y corregirlo en un lugar privado, no frente a sus amigos. Por supuesto que los demás niños van a oír cuando corrijamos a nuestro hijo, pero debemos ser cuidadosos y no gritarles ni avergonzarlos públicamente.

La situación ideal para disciplinar es llevarse al niño a un lugar privado. Ahí es donde les podemos explicar que han desobedecido y que van a ser disciplinados. No debemos gritarles, llamarlos por otros nombres ni tampoco tratar de avergonzarlos. En una voz controlada debemos afirmarlos a ellos y nuestro amor por ellos. Necesitamos decirles que los amamos y que estamos orgullosos de ellos, pero que no vamos a permitir que se porten mal.

Es muy diferente pegarle a un niño, que aplicar disciplina controladamente, en un área privada. Si le vamos a dar con la vara, que sea con privacidad, en un ambiente amoroso, explicándole al niño que ha violado las reglas y por ese motivo va a ser disciplinado. A esa hora muchos niños estarán tratando de llegar a un arreglo con usted, discutiendo, culpando a otros o llorando. De una manera amable y a la vez autoritaria, uno de los padres deberá doblar al niño sobre una cama o una silla y después pegarle dos o tres veces. Los golpes deben ser lo suficientemente duros como para que le duelan, pero no tan duros que le causen daño. Un niño no debe ser golpeado repetidamente ni tampoco se le debe pegar donde deje marca o cicatriz permanente.

Una vez que el niño ya ha sido disciplinado, acérquelo a usted y demuéstrele su amor. (Karen y yo siempre orábamos por nuestros hijos después de disciplinarlos, pidiéndole a Dios que los bendijera). Después de amarlos, orar por ellos y afirmarlos, dígales que se diviertan, pero que no violen las reglas otra vez.

Cuando sus niños son disciplinados de manera amorosa y consistente, se sienten aceptados y seguros. La disciplina con amor también produce un ambiente de paz en el hogar entre padres e hijos, y entre los hermanos. La autoridad paterna apropiada es una influencia que protege y refuerza las reglas de una manera relacional, paciente y consistente.

4. Mantenga la fe

Uno de los ingredientes más importantes para la autoridad paterna apropiada es la fe. Hebreos 11:1 nos dice: *«Ahora bien, la fe es la certeza de lo que se espera, la convicción de lo que no se ve»*. Cuando estamos criando a nuestros hijos es imposible que la rectitud se produzca inmediatamente en sus vidas, es un proceso largo. A pesar de que hay beneficios inmediatos con la disciplina apropiada, nuestros niños todavía están inmaduros y cometen errores.

Muchos de los padres con los que platico, sin importar la edad de sus hijos, están desanimados. Han hecho todo lo que saben hacer, y aún así sus niños están empujando los límites y actuando como, bueno, ¡como niños! Necesitamos entender que aun la mejor crianza del mundo necesita tiempo para tener su resultado completo.

El padre que mida el éxito con el cambio inmediato, va a vivir en una montaña rusa de emociones. De hecho, medir el éxito con los resultados inmediatos a veces nos puede desanimar tanto que ya sea que echemos nuestras frustraciones sobre nuestros niños y nos sintamos tan mal como si fueran anormales, o bien, que nos demos por vencidos sintiendo que nosotros somos los anormales o inadecuados, o que somos ambas cosas.

Para educar niños se necesita fe. La fe mira más allá del momento y ve el futuro. La fe actúa con la creencia que si obedecemos

SECRETO 5: AUTORIDAD PATERNA APROPIADA

a Dios y hacemos lo correcto, Dios honrará nuestra obediencia con «recompensa eventual». Si todos los resultados fueran inmediatos, no necesitaríamos la fe. La fe es necesaria porque mucho de lo que hacemos es contra lo que la realidad revela, contra lo que nos están diciendo nuestras emociones, y contra lo que el diablo tiene que decir.

Proverbios 22:6 nos dice: *«Enseña al niño en el camino en que debe de andar, y aún cuando sea viejo no se apartará de él».* La Escritura no promete resultados inmediatos para el padre justo y fiel, promete resultados definitivos. Escuché a alguien decir que nosotros no podemos ver verdaderamente el fruto completo de la educación, hasta que el niño cumpla treinta años. Muchas veces no toma tanto tiempo, y otra veces tal vez toma más; pero la promesa de Proverbios 22:6 es que la inversión fiel de un padre justo nunca es en vano.

A Satanás le encanta desanimar a los padres poniendo cuadros en sus mentes de sus hijos en sus peores momentos y restregárselos en la nariz. Recuerden padres que el libro de Efesios 6:16 nos dice: *«...en todo, tomando el escudo de la fe, con el que podréis apagar todos los dardos encendidos del maligno».* La fe es una fuerza poderosa que nos da esperanza en medio de las pruebas de la vida, un destino positivo aun cuando estamos caminando por *«el valle de sombra de muerte»* (Salmo 23:4), y nos da confianza para continuar una senda de acción aun cuando no estamos viendo resultados inmediatos. Nuestra fe está basada en la fidelidad, la verdad y el poder de Su Palabra. ¡Levante a sus niños en fe!

Aun en los días turbulentos en los que vivimos, la Palabra de Dios todavía es verdad. La autoridad paterna apropiada dentro del hogar desvanece las fuerzas de oscuridad que vendrían a cosechar rebelión y desorden, y extiende la autoridad y voluntad de Dios a la familia. Las familias disfuncionales son lugares de desorden, de roles sexuales confundidos, y/o de autoridad abusiva. Las familias exitosas son hogares donde los padres que están sometidos a Dios y sometidos el uno al otro, educan a sus hijos en un ambiente de expectativas comunicadas con claridad donde hay disciplina justa y consistente, y mucho, mucho amor.

Secreto 6: LA VIRTUD DE LA RESPONSABILIDAD PERSONAL
El sexto secreto de las familias exitosas

La doctrina de la responsabilidad personal es una de las verdades más básicas en las Escrituras. Está fundamentada sobre la premisa de que hemos sido creados a la imagen de Dios como agentes morales libres. Dios nos creó con libre albedrío. De hecho todo lo que hacemos es porque lo escogemos hacer nosotros mismos. Junto con el libre albedrío que Dios nos dio, también nos ha dado la responsabilidad de usar esa libertad apropiadamente.

Quizá la Escritura más clara en toda la Biblia donde se expresa esta verdad está en Deuteronomio 30:19. Hablando con Moisés, Dios le dice: *«Al cielo y a la tierra pongo hoy como testigos contra vosotros de que he puesto ante ti la vida y la muerte, la bendición y la maldición. Escoge, pues, la vida para que vivas, tú y tu descendencia».*

Ciertamente, Dios le estaba diciendo a Moisés y a los hijos de Israel: «Ustedes van a la tierra prometida, y pongo delante de ustedes la oportunidad de tener vida o muerte, la oportunidad de ser bendecidos o maldecidos. Su destino y el de sus hijos es su responsabilidad. Yo les he dado todas las oportunidades para que tengan éxito; ustedes ahora son responsables de tomar las decisiones correctas y obedecer lo que les he dicho».

Es obvio que la raza humana ha encontrado serias dificultades con la cuestión de tomar la responsabilidad para elegir lo correcto. El problema no comenzó con Moisés y los hijos de Israel; comenzó en el Jardín del Edén. La primera familia disfuncional en la tierra fue Adán, Eva y sus hijos. Su historia es una descripción viva de la importancia de tomar responsabilidad personal y las consecuencias por la irresponsabilidad hacia Dios y los demás.

Para ayudarnos a comprender mejor el concepto de responsabilidad personal y cómo afecta nuestras vidas personales y nuestras familias, vamos a ver cinco escenas de la vida de la primera familia en la tierra. Observar su caída y fracasos subsecuentes es esclarecedor y también nos enfatiza la extrema importancia del asunto de la responsabilidad personal y nuestra necesidad de honrarla así como de enseñarla a nuestros niños.

ESCENA UNO: La seducción de Eva

Y la serpiente era más astuta que cualquiera de los animales del campo que el SEÑOR Dios había hecho. Y dijo a la mujer: ¿Conque Dios os ha dicho: «No comeréis de ningún árbol del huerto»?
Y la mujer respondió a la serpiente: Del fruto de los árboles del huerto podemos comer; pero del fruto del árbol que está en medio del huerto, ha dicho Dios: «No comeréis de él, ni lo tocaréis, para que no muráis.»

Y la serpiente dijo a la mujer: Ciertamente no moriréis.
Pues Dios sabe que el día que de él comáis, serán abiertos vuestros ojos seréis como Dios, conociendo el bien y el mal. (Génesis 3:1-5)

SECRETO 6: LA VIRTUD DE LA RESPONSABILIDAD PERSONAL

Conforme Satanás entró al Jardín de Edén, lo primero que trató de hacer fue convencer a Eva de que Dios no estaba interesado por su bienestar, y debido a esto, ella no tenía responsabilidad de obedecerle. Esa fue la primera mentira de este mundo, y sigue siendo trasmitida a nosotros por el diablo. Sin embargo, la Escritura nos dice claramente que nuestra primera responsabilidad en la vida es honrar y obedecer a Dios.

Debemos recordar que Dios nos creó. No somos el simple resultado de la genética; somos el producto de la mano de Dios. En Salmos 139:13-14 dice: *«Porque tú formaste mis entrañas; me hiciste en el seno de mi madre. Te alabaré, porque asombrosa y maravillosamente he sido hecho; maravillosas son tus obras, y mi alma lo sabe muy bien».* Debido a que Dios nos ha formado, Él tiene todo el derecho de decirnos lo que debemos hacer y poner parámetros en nuestras vidas. Cuando olvidamos esto y pensamos que tenemos el derecho de hacer lo que nos plazca, estamos en el mismo engaño que causó que Adán y Eva se rebelaran contra Dios en el Jardín de Edén. Compartiremos, de esta manera, los mismos resultados.

Estados Unidos está obsesionado con los derechos personales. Aun cuando nuestras libertades en Estados Unidos son preciosas, deben ser balanceadas por la responsabilidad personal, comenzando con nuestra responsabilidad hacia Dios. Lo interesante es que se está incrementado el rechazo a cualquier forma de responsabilidad personal, al mismo tiempo que demandamos mayores derechos. El espíritu de nuestra época está teniendo una fuerte influencia en muchos cristianos también.

He escuchado a esposas y esposos cristianos decir que estaban teniendo una aventura extramarital o que se estaban divorciando de sus cónyuges porque ellos «tienen el derecho de ser felices»

Algunos de ellos, hasta han tratado de convencer a sus parejas, a sus hijos, a sus familias y hasta a mí, de que Dios les proveyó una pareja para adulterar, porque Él «sabía que yo era infeliz y mis necesidades no se estaban satisfaciendo». ¡Esto es enfermizo! Es tiempo de que crezcamos, y dejemos de obtener nuestra teología de los «talk shows» de la televisión, y regresemos a la Biblia para recibir nuestra información.

Tenemos una total responsabilidad de hacer lo que Dios nos dice a pesar del precio que tengamos que pagar, a pesar del sacrificio que se requiera o de la persecución que debamos soportar. 1 Corintios 6:20 dice: *«Pues por precio habéis sido comprados; por tanto, glorificad a Dios en vuestro cuerpo y en vuestro espíritu, los cuales son de Dios».* El precio por el cual fuimos comprados es la sangre de Jesucristo. La próxima vez que nos neguemos obstinadamente a la obediencia debido a lo que nos costará, necesitamos recordar lo que le costó a Dios librarnos del pecado.

Debido a que Dios nos ha creado y nos ha redimido del pecado, Él tiene todo el derecho de decirnos lo que debemos hacer. Lo maravilloso de todo es que lo que Dios nos dice que hagamos es bueno para nosotros y bendecirá nuestras vidas. Dios nos ama más de lo que nosotros nos amamos. Si le obedecemos a Él, el resultado será vidas en libertad, paz y abundancia de gozo.

En 2 Corintios 5:10-11 dice:

> *«Porque todos nosotros debemos comparecer ante el tribunal de Cristo, para que cada uno sea recompensado por sus hechos estando en el cuerpo, de acuerdo con lo que hizo, sea bueno o sea malo. Por tanto, conociendo el temor del Señor, persuadimos a los hombres, pero a Dios somos manifiestos, y espero que también seamos manifiestos en vuestras conciencias».*

SECRETO 6: LA VIRTUD DE LA RESPONSABILIDAD PERSONAL

La Biblia nos dice que estemos preparados para el día en que estaremos ante el trono de Dios en juicio. En ese día, nuestra obediencia o desobediencia será revelada. También será probado que somos totalmente responsables ante Dios por todo lo que hemos dicho y hecho, y que no tenemos ningún derecho de hacer ninguna cosa aparte de lo que Él desea que hagamos. El quinto capítulo del Evangelio de Juan nos dice que Jesús nunca hizo nada en su ministerio sin la aprobación de Su Padre celestial. El mensaje es sencillo: ser un seguidor de Cristo, ser una hija o hijo de Dios es vivir una vida de obediencia.

Pablo escribe en 2 Corintios 5:11: «...*y espero que también seamos (nosotros) manifiestos en vuestras conciencias*». La palabra «conciencia» es una palabra de la cual oímos poco hoy en día. Una conciencia hacia Dios es el cemento que une a las familias. Cuando una familia pierde su conciencia hacia Dios, pierde todo. Ya no habrá ninguna restricción moral para mantenerla unida o para prevenir cualquier conducta antisocial.

Cuando un hombre no tiene una conciencia hacia Dios, no habrá cosa alguna que prohíba el comportamiento inmoral de su parte, o que cause que se sacrifique por su esposa y por su familia, porque solamente se da cuentas a sí mismo. Cuando una mujer no tiene conciencia hacia Dios, ella hará lo que le plazca, cuando le plazca, hará sus propias reglas. Y en este caso, otra vez, no da cuentas a nadie por sus actos. Ninguna cosa restringe su comportamiento. Cuando los niños no tienen ninguna conciencia hacia Dios, el caos y la rebelión afloran. Los controles externos son insuficientes porque no existe un sentido interno de responsabilidad para restringirlos.

Una de las principales tareas de los padres de familia es depositar en sus hijos una conciencia hacia Dios. Este asunto es importante. Sin una conciencia hacia Dios, nos vemos solos y sin una brújula moral. Sin embargo, con un fuerte sentido de la conciencia, somos frenados y seremos capaces de sujetar a nuestros hijos y a nuestra sociedad como un todo.

Los hombres que enmarcaron la Constitución de los Estados Unidos de Norteamérica presupusieron que Estados Unidos era una nación conforme a Dios, con personas con una conciencia hacia Dios. El presidente John Adams dijo: «Nuestra Constitución fue hecha solamente para personas morales y religiosas. Es totalmente inadecuada para gobernar a otro tipo de persona». Si Estados Unidos no tiene una conciencia hacia Dios, estará en peligro de desmoronarse algo más que nuestra familia. Cuando hay vacío de conciencia, la sociedad como un todo comienza a desmoronarse. La ley se vuelve sin sentido y la policía no será capaz de restringir a los que la quebrantan.

Esto es lo que estamos presenciando hoy en día. Debido a que nosotros como sociedad estamos rechazando la Palabra de Dios como un estándar para nuestro comportamiento y hemos perdido, con mucho, una conciencia hacia Dios, ya no podemos restringir el crimen y el comportamiento antisocial. Como dijo James Dobson: «Estamos en una caída libre de la moral». Literalmente, no podemos construir prisiones tan rápidamente o contratar el personal suficiente para que las fuerzas policíacas puedan restringir a nuestra sociedad. Además del elemento criminal, la inmoralidad, la perversión sexual, la rebelión y el comportamiento extraño se están expandiendo como un cáncer a través de todas las comunidades en Norte América. ¿La razón? Hemos perdido nuestro sentido de conciencia.

Como padres de familia, necesitamos comenzar a desarrollar un sentido de conciencia en nuestros niños desde que son pequeños. La manera primordial en que hacemos esto es enseñándoles la

Palabra de Dios. Desde el momento en que nuestros hijos son pequeños, necesitamos leerles la Biblia y explicárselas. Necesitamos leerles historias de Jesús, Pablo, José, Daniel, Ester y otros personajes bíblicos. Conforme hacemos esto, les ilustraremos la diferencia entre el bien y el mal y aprenderán acerca de la autoridad de Dios. Les enseñaremos que mentir es incorrecto, que robar es incorrecto, que la rebelión está mal y que la Biblia es verdad.

Cuando abrimos la Palabra de Dios en nuestros hogares, entra a las vidas de nuestros niños y se construye un puente para que el Espíritu Santo comience a comunicarse a sus corazones. El Espíritu Santo comienza a traer convicción del bien y el mal y les revela a ellos la presencia de Dios, construyendo así una más profunda relación con nuestros hijos, hasta que un día ellos hayan aceptado a Cristo por sí mismos. Por medio de leer la Palabra de Dios a nuestros hijos así como por el vivir conforme a la Palabra, vendrá una transferencia total de fe y convicción de nosotros hacia ellos a través de la obra del Espíritu Santo.

Otra manera en que podemos formar una conciencia hacia Dios en nuestras familias es orando en cuanto a lo que hacemos. Esto permite que nuestros hijos vean que nuestras vidas están bajo la autoridad de Dios. Cuando mis hijos estaban creciendo, ellos llegaban a la casa y muchas veces trataban de influenciar a Karen y a mí en nuestras decisiones, especialmente en las relacionadas con ellos y nos decían: «¡Todos lo están haciendo!» Y yo una vez tras otra les repetía a mis hijos que a pesar de lo que cualquiera estuviera haciendo o no haciendo, nuestras decisiones estaban basadas en la Palabra de Dios y en oración. Estaba tratando de enseñarles a ser sensibles al hecho de que debemos lealtad a Dios sobre cualquier persona. También estaba tratando de enseñarles cómo orar sobre asuntos prácticos de sus vidas, así como a hacerlo diariamente.

Cuando Julie y Brent estaban listos para comprar su primer auto, hicimos un verdadero proyecto. Leíamos *Consumer Reports* (Revista del consumidor), buscamos minuciosamente y oramos al respecto. Les informamos qué rango de precio podíamos costear, y eso limitó sus opciones. Una de las cosas que les dije a mis hijos fue: «Dios tiene un carro para ustedes en algún lugar. El carro que Él provea será el mejor que cualquiera que ustedes puedan proveer por ustedes mismos, así que necesitamos empezar a orar por él ahora mismo».

Su actitud era: «Bueno, tú sabes papá, nosotros ya sabemos lo que queremos». Les dije que estábamos obligados a orar, y que Dios es bueno; que Él sería fiel para contestar. Así que oramos y esperamos la dirección de Dios. Ambos, Julie y Brent estaban encantados con los carros que obtuvieron, y ambos autos estaban mecánicamente muy buenos.

Conforme oremos y caminemos por las puertas que Dios nos abre, estaremos en Su perfecta voluntad, tomando buenas decisiones, siendo obedientes y siendo bendecidos con una vida rica y abundante. «*...he puesto ante ti la vida y la muerte, la bendición y la maldición...*» (Deuteronomio 30:19). ¿Cómo obtenemos la vida y la bendición? Hacemos lo que Jesús dice, porque Él es el Camino, la Verdad y la Vida. Si le buscamos a Él para que nos guíe en nuestras decisiones, Él nunca nos llevará a un lugar de muerte o maldición.

ESCENA DOS: El silencio de Adán

Conforme la serpiente seducía a Eva y la convencía que se rebelara en contra de Dios, Adán guardó silencio. Él obviamente se encontraba presente, porque Eva tomó del fruto y se volteó para dárselo a él. Adán había estado observando el intercambio que se estaba llevando a cabo entre su esposa y la serpiente, sin embargo no dijo ni una palabra. Permítame mostrarle donde se encontraba el mayor problema en el comportamiento de Adán.

En el principio cuando Dios creó a Adán y a Eva, la Biblia nos dice: *«Y los bendijo Dios y les dijo: Sed fecundos y multiplicaos, y llenad la tierra y sojuzgadla; ejerced dominio sobre los peces del mar, sobre las aves del cielo y sobre todo ser viviente que se mueve sobre la tierra»* (Génesis 1:28). Cuando Dios creó a Adán y a Eva, Él les mandó que se multiplicaran y que sojuzgasen la tierra. La palabra «sojuzgar» significa «traer bajo sujeción por la fuerza». El mandato de Dios a Adán y Eva era tomar dominio sobre la tierra, ir por ella y traer todo bajo su dominio. Dios les dio la autoridad y les mandó que la utilizasen.

Adán fue un irresponsable al estar viendo a la serpiente engañando a su esposa. Todo lo que tenía que hacer, al ver a la serpiente tratando de seducir a Eva, era intervenir o caminar hasta ella y decir: «Con permiso Eva, necesito matar una serpiente». Después de matarla, pudo haberse volteado a Eva y decirle: «Cariño, no creo que haya sido una buena conversación, ¿no crees?» Todo lo que tenía que hacer era tomar autoridad y actuar. Pero Adán no hizo nada, solamente se paró ahí y se quedó callado.

La devastación en la mayoría de los hogares de nuestra nación es el resultado de esposos, esposas y padres que están en silencio total. En lugar de pararse en contra de las fuerzas que hacen estragos en sus hogares y comunidades, muchos sólo están observando conforme Satanás destruye a una generación entera. Como Adán, ellos son irresponsables en su deber de resistir y «sojuzgar» las fuerzas de las tinieblas que buscan destruirlos a ellos y a sus hijos.

Dios nos ha dado autoridad, y no es solamente una bendición o un regalo; es una responsabilidad. Hablando a Su iglesia, Jesús le dice: *«Yo te daré las llaves del reino de los cielos; y lo que ates en la tierra, será atado en los cielos; y lo que desates en la tierra, será desatado en los cielos»* (Mateo 16:19).

Papás y mamás, ustedes pueden atar el mal en sus hogares. Ustedes pueden patear al diablo fuera de sus hogares por la puerta, o lo puede dejar entrar; depende totalmente de ustedes, está en *su* pode*r*, no en el de él. Ustedes tienen la autoridad de gobernar sus hogares con justicia, se den cuenta o no.

Asimismo, creo con todo mi corazón que nosotros como iglesia tenemos el poder de tomar autoridad sobre las fuerzas malignas que hay en nuestras ciudades. Yo no creo que los alcaldes, ni los empleados de gobierno de las ciudades, ni tampoco los policías tengan la mayor autoridad; yo creo que la iglesia la tiene, creo eso porque Jesús nos dijo que lo que atáramos en la tierra será atado en los cielos, y lo que desatáramos en la tierra sería desatado en el cielo (Mateo 16:19). Pablo nos dice en Efesios, Capítulo 6 que nuestra lucha no es contra «sangre ni carne». En una perspectiva más amplia, los problemas en nuestras ciudades no son las cosas que están haciendo las personas. El apóstol Pablo nos instruye diciéndonos que nuestra verdadera batalla es contra «principados y potestades» en los lugares celestiales.

La iglesia es la única entidad en la ciudad que puede hacer algo en contra de los poderes de maldad en los lugares celestiales, que buscan destruirnos. Como la iglesia de Dios, se nos ha dado la autoridad de ir en contra de esos poderes, para sojuzgarlos, y tomar dominio y autoridad sobre ellos en el nombre de Jesús. La única pregunta es: ¿Lo haremos nosotros o retrocederemos sin decir nada?

SECRETO 6: LA VIRTUD DE LA RESPONSABILIDAD PERSONAL

Hace unos años, el lugar donde nací en Texas estaba en serios problemas sociales y económicos. Calcomanías para las defensas de los automóviles decían: «¿Podría la última persona, al salir de Amarillo (una ciudad en Texas), apagar las luces por favor?» Había otros problemas, incluyendo la desunión y división entre las iglesias, pero el problema más angustiante parecía ser el económico.

En ese tiempo, alrededor de unas cien personas de nuestra congregación nos reuníamos a orar cada semana. Clamamos: «Padre que estás en los cielos, atamos el espíritu de división y desánimo en nuestra ciudad en el nombre de Jesús. Danos favor en nuestros negocios y con los consejos de administración a través de Estados Unidos. Haz que nuestra ciudad sea atractiva a ellos para que traigan sus negocios de cualquier lugar que estén en los Estados Unidos a Amarillo. Bendice a nuestros líderes de la ciudad con sabiduría y con favor. Fortalece y protege a nuestros oficiales de la policía. Bendice las iglesias de nuestra ciudad, y une nuestros corazones en amor. Que éste sea un lugar de justicia, unidad y prosperidad». Hacíamos esta oración vez tras vez tras vez.

A este momento, todo lo que oramos sucedió. Aunque nuestra ciudad no es perfecta, es dramáticamente diferente. En los recientes años pasados y aún ahora que estoy escribiendo este libro, tenemos un gran gobierno y un gran departamento de policía en la ciudad, así como una economía creciente y próspera, y una maravillosa unidad entre los pastores y las iglesias de nuestra ciudad. ¡Alabo a Dios por su fidelidad!

¡Tomamos autoridad! Nos levantamos y dijimos: «¡No toleraremos esto! ¡No viviremos en este ambiente! ¡Declaramos victoria en el nombre de Jesús!» Cada uno de nosotros tiene la habilidad de gobernar si solamente nos levantamos y ejercitamos nuestra autoridad para llevarlo a cabo. La autoridad no es un juguete espiritual; es una responsabilidad. Tenemos la responsabilidad de gobernar con justicia y autoridad. Josué se levantó y dijo: *«Pero yo y mi casa, serviremos al SEÑOR»* (Josué 24:15). Como un poderoso líder, Josué declaró con autoridad lo que él iba a hacer. No fue un hombre llevado por la marea social; fue un hombre que revirtió la marea con un liderazgo fuerte y decisivo.

Cuando pienso en las ideas de autoridad y gobierno, algunas veces comparo el cristianismo con las otras religiones. El islamismo, por ejemplo, es la religión con el índice de crecimiento más alto en el mundo hoy en día. Los musulmanes creen que es su responsabilidad, en el nombre de Alá, traer a sujeción este planeta. Ellos lo creen con todo su corazón y están construyendo agresivamente mezquitas por todo el mundo. Cuando estuve en Sudáfrica, estaban construyendo una mezquita cada cincuenta millas cuadradas. Están evangelizando activamente con celo y seguridad.

¿Qué ha pasado con la verdadera iglesia de Jesucristo? ¿Nos hemos vuelto tan apáticos en nuestra fe que nos hemos hecho como Adán? ¿Por qué es que nuestros hogares y comunidades están siendo arrasados por el pecado y la decadencia moral? Es porque no usamos nuestra autoridad dada por Dios. ¡Como esposos, esposas y padres, debemos darnos cuenta que Dios nos hace responsables por la condición de nuestros hogares y nada, excepto Dios, tiene poder sobre nosotros sin nuestro consentimiento: NADA!

Jesús dijo en Mateo 16:18: *«...edificaré mi iglesia; y las puertas del Hades no prevalecerán contra ella»*. ¿Escuchó eso? Jesús dijo que el poder del infierno no sería capaz de resistirnos o vencernos. Él dijo esto con el entendimiento de que nos ha investido con un

SECRETO 6: LA VIRTUD DE LA RESPONSABILIDAD PERSONAL

poder increíble. Debemos regocijarnos en el hecho de que tenemos la autoridad para revertir y superar la influencia del pecado y de Satanás en nuestros matrimonios y familias. Utilizando la autoridad que Dios nos ha dado, podemos vivir en libertad y con éxito, pero, si no la utilizamos, vamos a ser derribados por el diablo. Como en el caso de Adán, esto no sucederá debido a que Dios no esté con nosotros o porque seamos víctimas; sucederá porque no nos levantamos y «sojuzgamos» al enemigo.

Tenemos la autoridad, pero necesitamos *actuar en esa autoridad,* levantarnos por lo que creemos, y tomar acción. He aquí un poderoso versículo del Antiguo Testamento que enfatiza esta verdad: *«...y se humilla mi pueblo sobre el cual es invocado mi nombre, y oran, buscan mi rostro y se vuelven de sus malos caminos, entonces yo oiré desde los cielos, perdonaré su pecado y sanaré su tierra».* (2 Crónicas 7:14) Dios no le dio esta increíble promesa a asociaciones de padres, a otras asociaciones civiles o a un club cívico. Se lo dijo a Su pueblo. Si *tú* actúas, Yo actuaré. Si *tú* utilizas *tú* autoridad, Yo utilizaré *Mi* autoridad.

¡Si lo quieres atado, átalo! Si lo quieres suelto, suéltalo en el nombre de Jesús. Si no tomas acción, el diablo lo hará, él ya está trabajando duro para atrapar a tus hijos. Él viene por todas partes para capturar sus almas. También quiere tu matrimonio, tu ciudad y tu iglesia. El que más quiera obtener estas cosas es el que las va a obtener, el que actúe agresivamente con la mayor autoridad es el que las va a obtener. ¡Entienda esto, *usted* tiene mayor autoridad! ¡Úsela!

Necesitamos enseñar a nuestros hijos a usar la autoridad que tienen en Jesús enseñándoles la perspectiva bíblica. Ellos necesitan saber que existen fuerzas buenas y malignas. Deben entender que no debemos temer las fuerzas del mal, pero debemos respetar su potencial de engaño y destrucción, conforme vayan saliendo las diferentes cuestiones en las vidas de nuestros hijos, ciertamente no queremos que sean «traficantes de poder» espirituales o que estén paranoicos viendo demonios detrás de cada arbusto.

Lo que si necesitamos hacer es enseñarles que no siempre es cuestión de las personas. Las fuerzas espirituales sobre las cuales necesitamos tener autoridad controlan muchos asuntos en nuestras vidas. Este es el texto de la Escritura de Pablo en Efesios, capítulo 6 en relación a la guerra espiritual. Él se estaba dirigiendo a cristianos que estaban enfrentando diariamente opresión, tentación y ataques. Nunca ha habido una sociedad más atacada espiritualmente que la nuestra. Por lo cual, nosotros y nuestros hijos necesitamos prender a ponernos la armadura completa conforme tomamos autoridad sobre el enemigo.

ESCENA TRES: El traslado de la culpa

En Génesis, capítulo 3 está escrito el pecado de Adán y Eva. Después de que pecaron, Dios confrontó a Adán y a Eva. He aquí el relato de esa conversación:

> ... *¿Has comido del árbol del cual te mandé que no comieras? Y el hombre respondió: La mujer que tú me diste por compañera me dio del árbol, y yo comí.*
> *Entonces el SEÑOR Dios dijo a la mujer: ¿Qué es esto que has hecho? Y la mujer respondió: La serpiente me engañó, y yo comí.*
> (Génesis 3:11-13)

Conforme Dios confrontó a Adán y a Eva haciéndoles responsables de su comportamiento, hicieron algo que es común para

SECRETO 6: LA VIRTUD DE LA RESPONSABILIDAD PERSONAL

los hombres: Trasladaron la culpa. Adán culpó a Eva. Desde entonces los hombres han estado culpando a las mujeres de sus problemas. Eva culpó al diablo, esa es otra conveniente persona a quien culpar.

A pesar de su transferencia de culpa, la Biblia nos dice que Dios castigó a Adán, a Eva y a la serpiente por su comportamiento. La moraleja de esta historia es sencilla, a pesar de la presión que las personas o el diablo ejerzan sobre mí, no es una excusa para pecar, y sigo siendo responsable ante Dios por mi comportamiento.

Conocí a una pareja, un par de años atrás, que tenían un hijo joven muy rebelde. Era uno de los jóvenes más rebeldes, y difíciles de manejar que yo he conocido. Cuando se le atrapaba haciendo algo malo (y eso sucedía frecuentemente), en el momento en el que se le pedían cuentas, él transfería la culpa. Tan pronto como la presión por su comportamiento empezaba a apuntarle, él empezaba a llorar y a decir algo como: «¡Mis amigos pusieron una piedra en mi mano y me dijeron que la tirara a ese automóvil o se burlarían de mí!»

En lugar de ver su irresponsabilidad y cómo transfería su culpa a otros, sus padres simpatizaban con él diciendo: «Pobre Juanito, sus amigos lo obligaron a hacerlo». Los padres inmediatamente se volvían adversarios de cualquiera que quisiera llamar a cuentas a Juanito. Estoy seguro que estos padres tenían buenas intenciones, pero estaban dañando a su hijo. En lugar de enseñarle que era personalmente responsable por su comportamiento, le estaban enseñando que estaba bien transferir la culpa y hacer responsable a alguien más por sus actos.

Cuando mis hijos estaban creciendo, yo les dije que no me importaba cuánta presión de sus compañeros pudieran tener; la presión de sus compañeros no justificaba el mal comportamiento. A pesar de sus excusas, los hice responsables de sus actos. Algunas veces mis hijos venían a la casa con bajas calificaciones y usualmente culpaban a sus maestros. Eso tampoco funcionó. Les dije que necesitaban superar los obstáculos y tomar la responsabilidad por su comportamiento.

Cuando sus hijos están peleando entre ellos y usted los para, lo primero que hacen es empezar a culparse uno al otro. Karen y yo enseñamos a nuestros hijos a que vinieran con nosotros y nos llevaran con el que estuviera haciendo algo malo, e iríamos y nos encargaríamos de la situación nosotros mismos. Reuniríamos todos los hechos, y haríamos responsables a nuestros niños por su comportamiento en esa situación. No nos importaba si lloriqueaban, renegaban o le echaban la culpa a otro; los hacíamos personalmente responsables por lo que habían hecho.

La manera en que los niños aprenden a tomar responsabilidad por su propio comportamiento es, primero que nada, viendo los ejemplos que sus padres ponen. Si el padre culpa a la madre, o la madre culpa al padre, o los padres culpan a *sus* padres, o sus jefes, o al gobierno o a alguien más, sus hijos aprenden de esto. Ellos comienzan a pensar: «Si sólo pudiera encontrar a alguien a quien echarle la culpa, no tendré que tomar la responsabilidad de mi comportamiento».

Debemos entender que a pesar de lo que cualquier persona haga, somos personalmente responsables por nuestras propias acciones. Jesús colgado en la cruz, vio a las personas que lo habían crucificado y dijo: «Padre, perdónalos». Si alguna vez hubiera habido un tiempo en el que una persona estaría justificada para buscar venganza o hacer algo malo, fue ese momento. Sin embargo, Jesús hizo lo correcto a pesar del increíble dolor, presión emocional y persecución que soportó.

SECRETO 6: LA VIRTUD DE LA RESPONSABILIDAD PERSONAL

El día en el que usted esté parado delante de Dios en el juicio, no tendrá la oportunidad de apuntar su dedo a otros para culparlos. En el día del juicio, sólo serán usted y Dios y nadie más. Si usted ha vivido su vida asumiendo su responsabilidad personal, no culpando a otros, el día del juicio será un día de gran bendición y recompensa. Sin embargo, si usted ha vivido una vida culpando a los demás por sus faltas, equivocaciones y pecados, el día del juicio será una abrumadora experiencia.

Sumándole al efecto que produce la transferencia de culpa en nosotros y en nuestra relación con Dios, la transferencia de culpa también paraliza nuestra vida. Una de las grandes maldiciones de culpar a los demás es que si los otros son el problema, también son la solución. En otras palabras, debido a que, en algunos casos, los demás son el problema, mis acciones no ayudarán; debo esperarlos para actuar. La vida irresponsable es una vida lamentable, siempre quejándose desconsoladamente de los padres, del gobierno, de los empleadores, o de alguien más que aparece para corregir los males y traer liberación del dilema.

Debemos enseñar a nuestros hijos a través del ejemplo personal y el entrenamiento que somos responsables delante de Dios por lo que hacemos. Nadie más me controla. Yo me controlo a mí mismo. Debido a esto, Dios me hace responsable por como actúo. Una vida que encuentra este entendimiento es mucho más feliz y más exitosa.

ESCENA CUATRO: El pecado de Caín

Dios dio una orden a los hijos de Adán y Eva, Caín y Abel, de que le trajesen una ofrenda aceptable. En respuesta a esto, Abel trajo una ofrenda de sus rebaños que fue aceptable para Dios. Sin embargo, Caín llevó una ofrenda de sus campos, la cual era menos que aceptable de lo que Dios había requerido. Por lo cual, Dios aceptó la ofrenda de Abel y no aceptó la de Caín. En respuesta a la preferencia de Dios por la ofrenda de Abel, Caín lo mató. *«Entonces el SEÑOR dijo a Caín: ¿Dónde está tu hermano Abel? Y él respondió: No sé. ¿Soy yo acaso guardián de mi hermano?»* (Génesis 4:9).

La actitud de Caín hacía Dios y su hermano Abel fue egoísta e inmadura. La esencia de su espíritu pecador fue revelada cuando fue llamado a cuentas por Dios en relación al asesinato de su hermano. Cuando Dios le preguntó por Abel, Caín muy arrogante respondió: «*¿Soy yo acaso guardián de mi hermano?*» La respuesta es sí. Dios nos hace responsables por como tratamos a nuestros miembros de la familia y a nuestro prójimo.

En una familia exitosa, hay un sentido de preocupación mutua del uno por el otro. Nos cuidamos unos a otros, con una actitud de «si tú no estás bien, yo no estoy bien» nos protegemos unos a otros y nos reunimos alrededor del que nos necesita. Esa actitud también fluye fuera del hogar a las personas de nuestras comunidades, iglesias, ciudades, etc. La actitud que une a las familias y perpetúa una sociedad fuerte es en la que existe una preocupación común por nuestro prójimo.

Jesús tuvo mucho que decir sobre el amar a nuestro prójimo. El mandamiento personal de Jesús a Su iglesia fue: *«...que os améis los unos a los otros, así como yo os he amado»*. (Juan 15:12). Un día Jesús respondió a la pregunta que le hizo un hombre que trataba de justificarse delante de Su presencia. El hombre le citó a Jesús el mandamiento que habla de amar a su prójimo como a sí mismo, «¿Quién es mi prójimo?» La respuesta fue la historia del buen samaritano (Lucas 10:30-36). Jesús expandió la definición de «prójimo» a cualquiera que nos encontremos en nuestra vida

SECRETO 6: LA VIRTUD DE LA RESPONSABILIDAD PERSONAL

que esté necesitado y a quien tengamos los recursos para ayudar. El punto principal de la historia del buen samaritano era que Dios nos hace responsables de ayudarnos los unos a los otros.

En el capítulo 25 del evangelio de Mateo, Jesús nos revela una importante verdad sobre el juicio del fin del tiempo. Dios nos separará (refiriéndose a «ovejas y cabritos») los unos de los otros en juicio basado en el criterio de cómo hemos tratado a las personas en esta vida. Observe la seriedad del tono de Jesús conforme va hablando del resultado eterno de cómo hemos manejado hasta los más insignificantes niveles de la sociedad:

> *«Pero cuando el Hijo del Hombre venga en su gloria, y todos los ángeles con Él, entonces se sentará en el trono de su gloria;*
> *y serán reunidas delante de Él todas las naciones; y separará a unos de otros, como el pastor separa las ovejas de los cabritos.*
> *Y pondrá las ovejas a su derecha y los cabritos a su izquierda.*
> *Entonces el Rey dirá a los de su derecha: Venid, benditos de mi Padre, heredad el reino preparado para vosotros desde la fundación del mundo.*
> *'Porque tuve hambre, y me disteis de comer; tuve sed, y me disteis de beber; fui forastero, y me recibisteis; estaba desnudo, y me vestisteis; enfermo, y me visitasteis; en la cárcel, y vinisteis a mí'.*
> *Entonces los justos le responderán, diciendo: 'Señor, ¿cuándo te vimos hambriento, y te dimos de comer, o sediento, y te dimos de beber'? '¿Y cuándo te vimos como forastero, y te recibimos, o desnudo, y te vestimos'? '¿Y cuándo te vimos enfermo, o en la cárcel, y vinimos a ti?' Respondiendo el Rey, les dirá: 'En verdad os digo que en cuanto lo hicisteis a uno de estos hermanos míos, aun a los más pequeños, a mí lo hicisteis'.*
> *Entonces dirá también a los de su izquierda: 'Apartaos de mí, malditos, al fuego eterno que ha sido preparado para el diablo y sus ángeles'.*

> *'Porque tuve hambre, y no me disteis de comer, tuve sed, y no me disteis de beber; fui forastero, y no me recibisteis; estaba desnudo, y no me vestisteis; enfermo, y en la cárcel, y no me visitasteis'. Entonces ellos también responderán, diciendo: 'Señor, ¿cuándo te vimos hambriento, o sediento, o como forastero, o desnudo, o enfermo, o en la cárcel, y no te servimos?' Él entonces les responderá, diciendo: 'En verdad os digo que en cuanto no lo hicisteis a uno de los más pequeños de éstos, tampoco a mí lo hicisteis'. Y éstos irán al castigo eterno, pero los justos a la vida eterna».* (Mateo 25:31-46)

Dios toma como personal la manera en que tratamos a las personas. Las personas a las que juzgamos como perdedoras, raros, indignos de nuestros cuidados, Él los ama. Esto es algo que realmente necesitamos entender. No sólo es el egoísmo el espíritu prevaleciente de nuestra era, también somos una cultura que rechaza mucho. Es muy fácil etiquetar en juicio a una persona. Sin embargo, las mismas personas que nosotros rechazamos, Dios persigue.

Como individuos, necesitamos ver a las personas a través de los ojos de Dios. Sin tener en cuenta sus faltas o posición social, Dios ama a las personas y se interesa por ellas. Necesitamos, comenzando por nuestras familias, demostrar interés el uno por el otro, no rechazando a nadie ni siendo egoístas. Un espíritu desinteresado y de siervo es el ejemplo que Jesús nos dio. Los mejores matrimonios y las mejores familias son formados con una actitud humilde y dadora. Las peores familias están llenas de una atmósfera de egoísmo, competencia y juicio.

Además de mostrar interés por los miembros de nuestra familia, también necesitamos ser cuidadosos de cómo tratamos y hablamos de la gente. Los niños aprenden a ser inmisericordes, juzgan a las personas, prejuiciosos, sexistas e intolerantes con sus padres. También aprenden a ser compasivos, amables, ayudadores y considerados por el ejemplo que les damos. Necesitamos revisar nuestras actitudes hacia las personas y asegurarnos que concuerden con el corazón de Jesús. Después de eso, necesitamos ser amorosos y amables con las personas de todas las creencias. Si están perdidas, necesitamos orar por ellas y dar testimonio a ellas. Si están en necesidad, necesitamos ayudarles. A pesar de sus faltas o temperamento, debemos ser cuidadosos de cómo tratamos a los demás porque somos sus guardas. No importa si reconocemos esta responsabilidad en esta vida o no, la eternidad revelará que lo somos.

ESCENA CINCO: La inundación

Estoy seguro que cuando Adán y Eva estaban comiendo del árbol del conocimiento del bien y del mal en el jardín y estaban disfrutando su sabor, no sabían que su comportamiento estaba maldiciendo a las generaciones por venir; pero eso estaba sucediendo. Estamos, todavía sufriendo el castigo por su comportamiento. Desafortunadamente, el corazón pecaminoso y egoísta realmente no piensa en el porvenir; sólo vive el momento. El dolor de los demás y el castigo que futuras generaciones deben sufrir son canjeados por los beneficios personales inmediatos.

Solamente tres capítulos después de que Adán y Eva comieron del fruto, el libro de Génesis nos cuenta que a Dios le dolió haber creado al hombre. De la semilla de pecado que Adán y Eva habían plantado en el jardín, había ahora un fruto de rebelión y corrupción que cosechar. En respuesta a la condición del hombre en ese tiempo, Dios causó una inundación que mató a los habitantes de la tierra. Sólo ocho personas, Noé y su familia escaparon.

Somos responsables por la manera en la que nuestro comportamiento afecta a la próxima generación. Jesús dijo en Marcos 9:42: *«Y cualquiera que haga tropezar a uno de estos pequeñitos que creen en mí, mejor le fuera si le hubieran atado al cuello una piedra de molino de las que mueve un asno, y lo hubieran echado al mar»*. Como padres y miembros de la sociedad, con frecuencia subestimamos la gran responsabilidad que sobrellevamos por los niños que están a nuestro alrededor. Esta responsabilidad no sólo es para con nuestros hijos, sino que se extiende a los niños que son afectados directa o indirectamente por nuestras vidas. Para ambos, los padres que están extendiendo a sus hijos en el altar de sus placeres y para los que están liderando a esta generación para descarriarla, habrá un alto precio por pagar.

Dios habló a Moisés en Deuteronomio 5:9 y le dijo: *«...porque yo, el SEÑOR tu Dios, soy Dios celoso, que castigo la iniquidad de los padres sobre los hijos, y sobre la tercera y la cuarta generación de los que me aborrecen»*. Dios estaba informando a Moisés que los pecados de padres desobedientes afectarían a las generaciones que vendrían después. Como padres, debemos comprender que nuestros hábitos, lenguaje, actitudes, valores, prioridades y nuestras vidas como un todo están teniendo una influencia directa en nuestros tataranietos. Esto deberá elevar nuestro nivel atención en cuanto a cómo vivimos.

Además de Dios y nuestra pareja, los hijos son la cosa más preciada que tendremos en esta vida. Cuando usted toca a un niño toca el futuro. Si su contacto con los niños es de cuidado y amor, usted ha bendecido el futuro.

Dios nos hace responsables de orar por los niños, de ser un buen ejemplo a ellos, de tratar de alcanzarlos para el Señor y de amarlos como lo haría Cristo mismo. Aunque todos nosotros

SECRETO 6: LA VIRTUD DE LA RESPONSABILIDAD PERSONAL

somos imperfectos y tal vez estemos abrumados con la responsabilidad, necesitamos entender que Dios sabe que somos débiles. Él no estará buscando la perfección, está buscando compromiso y sinceridad. Él perdonará nuestras faltas cuando cometamos errores, nos dará sabiduría cuando la necesitemos y nos dará fuerzas para la tarea. Él está dispuesto y es capaz, de darnos todos los recursos para que tengamos éxito como padres y adultos. Sin embargo, es nuestra responsabilidad tomar el tema seriamente y cuidar apropiadamente la generación que Dios ha puesto a nuestro cargo.

Secreto 7: TRANSFERENCIA GENERACIONAL POSITIVA
El séptimo secreto de las familias exitosas

> «*El hombre bueno deja herencia a los hijos de sus hijos, pero la riqueza del pecador está reservada para el justo*».
> (Proverbios 13:22)

En las familias exitosas hay una transferencia determinada y positiva para las futuras generaciones. Proverbios 13:22 dice que «el hombre bueno» también es traducido como «el justo» deja una herencia a sus nietos. La virtud descrita en esta Escritura, no sólo se refiere a la distribución de riquezas; también está describiendo la misión y actitud de las familias exitosas.

Los buenos padres y abuelos, entienden el poder de su influencia sobre las generaciones futuras y lo usan sabiamente. Debido a que quieren extender las bendiciones de sus vidas a sus hijos y a las generaciones futuras, planean cuidadosamente dejar una herencia para ellos, esta herencia es más que el dinero. Consiste en tener valores justos; un buen nombre en la comunidad (Proverbios 22:1); dar ejemplo de un buen matrimonio, de cómo criar hijos y desarrollar otras habilidades de la vida; así como demostración verbal y física de afecto y dirección espiritual.

Lo más importante que hay que entender acerca de dejar una buena herencia a las generaciones futuras es que nunca sucede por accidente. De acuerdo a Proverbios 13:22, la transferencia generacional positiva es el resultado de ser una persona «buena» o «justa». En otras palabras, la transferencia generacional es el resultado de nuestras decisiones concientes con relación a valores, carácter, y otros asuntos importantes.

Todos nosotros sabemos que ser recto en esta vida nunca sucede por accidente. Vivimos en un mundo lleno de pecado con un enemigo malvado acechándonos diariamente. Vivir una vida con un final feliz requiere que premeditemos y tomemos algunas decisiones difíciles. Si estamos dispuestos a vivir nuestras vidas correctamente, no solamente vamos a ser bendecidos por ello, sino que esas bendiciones también serán pasadas a las generaciones futuras.

Desafortunadamente lo opuesto también es verdad. Cuando los padres pecan, a menos que ellos se arrepientan y cambien su comportamiento, sus hijos siempre pagarán el precio. Esto es verdad especialmente en los padres que tienen hijos menores de dieciocho años viviendo en su casa. Cada acción, buena o mala, va a tener un impacto generacional, nos demos cuenta o no, lo hayamos pretendido, o no.

Aquí hay una Escritura del libro de Éxodo, que describe con seriedad el efecto generacional negativo de los pecados de los padres sobre sus hijos.

> *Y pasando Jehová por delante de él, proclamó:*
> *¡Jehová! ¡Jehová! fuerte, misericordioso y piadoso; tardo para la ira, y grande en misericordia y verdad; que guarda misericordia a millares, que perdona la iniquidad, la rebelión y el pecado, y que de ningún modo tendrá por inocente al malvado; <u>que visita la iniquidad de los padres sobre los hijos y sobre los hijos de los hijos, hasta la tercera y cuarta generación.</u>* (Éxodo 34:6-7, Versión Reina Valera 1960, subrayado del autor)

SECRETO 7: TRANSFERENCIA GENERACIONAL POSITIVA

En este Escritura, Dios se revela a Sí Mismo a Moisés como el Dios amoroso, lleno de gracia y perdonador que Él es. Sin embargo, también revela el hecho de que habrá una transferencia generacional de los efectos negativos de los pecados de los padres sobre los hijos hasta la tercera y cuarta generación. Otra forma de decirlo es que cada cosa que los padres hacen, afecta a sus tataranietos.

La mayoría de los padres que viven pecaminosamente, lo hacen, o porque piensan que no afectará a sus hijos ni a las generaciones futuras, o porque están bajo el engaño de que su comportamiento realmente no les afectará mucho a ellos mismos.

Un ejemplo perfecto del concepto equivocado que existe en cuanto al efecto generacional negativo sobre los hijos, es el divorcio. Desde mediados del siglo XX, nos han forzado a tragarnos la mentira de que tanto para los padres como para los niños, es mejor el divorcio que vivir en un «mal matrimonio». «Los niños son resistentes y adaptables....» han dicho los «expertos», animando a los adultos a «saltar la casa» y a «intercambiar pareja». Sin embargo, después de muchos años de experimentar los resultados del divorcio, los investigadores han probado que los efectos negativos del divorcio no solamente duran toda la vida de los niños y los padres, sino que también afecta a las generaciones venideras. (nota de pie de página de *«The Legacy of Divorce»* Wallerstein and Blakesly).

Dios dice en Malaquías, capítulo 2 que Él odia el divorcio. Debemos entender que Dios no odia a las personas divorciadas. Él odia el acto del divorcio debido al daño duradero que causa en la gente que Él ama. Sólo mire a su alrededor las familias destruidas y el dolor en el corazón de los padres y de los hijos. Algunos no tienen que ver más allá de sus propias hogares y sus propios corazones para ver los efectos duraderos de una decisión equivocada del pasado. Por supuesto que Jesús puede sanar a cualquiera de cualquier cosa, un error del pasado o un problema siempre puede ser vencido por la fe en Cristo. Sin embargo, debemos reconocer la devastación a largo plazo que nos traen las malas decisiones cuando no nos hacemos responsables por ellas y se las damos al Señor.

El diablo quiere destruirnos y perpetuar el daño a nuestros hijos y a nuestros nietos. Para mantener su pretensión en cada generación, él cuenta con que los padres cooperen con él, porque cuando lo hacen, es mucho más fácil para él destruir a sus hijos y continuar el ciclo generacional de fracaso. Como padres, necesitamos darnos cuenta de los resultados espirituales y prácticos de nuestro comportamiento, sea bueno o malo, y debemos tomar las decisiones y hacer los cambios que sean necesarios para hacer una transferencia generacional positiva a nuestros hijos y a las generaciones futuras.

Lo que le encanta al diablo es que todos tengan su concepto favorito; una perspectiva centrada en uno mismo y orientada al «ahorita». Si él logra que los padres, los abuelos, y las figuras en autoridad piensen en sí mismos y en lo que quieren hacer ahorita, en vez de pensar en sus hijos y en las futuras generaciones, el diablo logrará que ellos racionalicen casi cualquier tipo de comportamiento. Y esto es exactamente lo que está sucediendo.

Recientemente, vi a un papá entrar a una tienda con dos jovencitas, yo asumí que eran sus hijas. Este hombre, no solamente se veía muy tosco, sino que también estaba usando una camiseta con una horrible vulgaridad impresa, como yo nunca antes había visto. Recuerdo que miré al hombre preguntándome en qué estaría pensando para justificarse de usar esa camiseta frente a esas dos jovencitas impresionables, eso era sin contar los otros

SECRETO 7: TRANSFERENCIA GENERACIONAL POSITIVA

niños que lo verían ese día y todos los demás días que él la usara. Sin necesidad de decirlo, su comportamiento era egoísta y muy corto de vista.

Como lo establecí anteriormente, una transferencia generacional positiva siempre ocurre con una intención. Sucede cuando una persona «buena» considera el destino de sus hijos y empieza a invertir en ellos y en su futuro. Las familias exitosas son el resultado de este tipo de comportamiento. Mientras más generaciones hagan una transferencia generacional positiva, más legado y buena herencia son transferidos. Tal vez usted sea el resultado de un legado justo y conoce la bendición que esto es. O tal vez usted viene de un mal pasado y de una historia familiar trágica y quiere ser la persona que rompa con el ciclo generacional pecaminoso y comience un legado para el futuro. A continuación hay una información muy valiosa para ayudarnos a todos a entender las especificaciones de cómo dejar una herencia justa para las generaciones futuras.

Recientemente leí un libro fascinante escrito por un abogado llamado James Hughes, Jr. El libro se llama, *FAMILY WEALTH: Keeping It in the Family (LA RIQUEZA FAMILIAR: Guardándola para la familia)*. En este libro, James Hughes, Jr. comparte su percepción de cómo una familia puede perpetuar su patrimonio por generaciones. Él viaja intensamente alrededor del mundo, enseñando a gente adinerada a mantener su dinero en la familia como una transferencia generacional positiva.

Como todos nosotros sabemos, muchas familias dejan una herencia a sus hijos sólo para que la despilfarren. «En mangas de camisa, en mangas de camisa, por tres generaciones» es el viejo adagio que describe a la futilidad que muchos han experimentado en tratar de perpetuar las riquezas. De hecho, tantas personas piensan que heredar su fortuna a sus hijos los va a arruinar, que un sorprendente número de gente adinerada dona la mayoría de su dinero a obras de caridad, fundaciones, y grupos religiosos tras su muerte, dejando poco o nada a sus hijos.

Dos individuos muy conocidos que están en esta categoría son Bill Gates y Warren Bueffet. Ambos billonarios han declarado públicamente que van a dejar muy poco de sus grandes fortunas a sus hijos, por su creencia de que el dinero los va a arruinar y que seguramente, lo perderán.

Ese es el desafortunado pensamiento que James Hughes, Jr. encuentra en las familias adineradas que los detiene de transferir su fortuna de generación en generación. Sin embargo, de acuerdo a él, muchas familias transfieren su fortuna de generación en generación con mucho éxito. Su libro describe los principios de la transferencia de patrimonio exitosa, con muchas familias que lo han logrado.

El punto que estoy tratando de resaltar de todo esto, no es cómo transferir dinero (aunque eso está incluido), sino es que debemos rechazar cualquier modo de pensar que nos excuse de transferir lo que Dios nos ha dado a nuestros hijos y nietos de una manera responsable. No solamente podemos tener éxito, sino debemos tener éxito. El futuro de nuestros hijos y de nuestra familia depende de ello.

Para lograrlo, debemos rechazar el pensamiento derrotista e irresponsable que nos lleva al fracaso. En un extremo tenemos a aquellos que piensan poco en los efectos de su comportamiento y en cómo van a sufrir sus niños en el futuro por sus tonterías y su falta de consideración. En el otro extremo están aquellos que si consideran a sus hijos, pero levantan sus manos en derrota

SECRETO 7: TRANSFERENCIA GENERACIONAL POSITIVA

porque creen que tratar de transferir patrimonio o cualquier otra bendición de generación en generación, es infructuoso. Esta es la mentalidad de «cada generación está sola», y es incorrecta.

Muchos padres creen que su trabajo es sólo alimentar y vestir a sus hijos, darles una educación decente, y después «están sin ayuda». Sin embargo, la Biblia dice que el efecto de la paternidad exitosa es generacional. En las familias exitosas, los padres tienen una misión y una actitud de transferencia total de cada bendición de la vida a sus hijos y a sus nietos.

Es por eso que Proverbios 13:22 dice que la persona «buena» deja una herencia a los hijos de sus hijos. Las personas buenas y justas planean sus vidas de manera que sigan bendiciendo a sus familias mucho después de que se han ido. Esto es un severo contraste al pensamiento de muchos padres irresponsables que, o no les importa el futuro de sus hijos lo suficiente como para ordenar sus vidas, o creen que no tiene importancia.

La Biblia no solamente dice que podemos transferir cosas buenas a las generaciones futuras, sino que nos dice que debemos hacerlo. De hecho, como lo establecí anteriormente, no existe el padre que no hace una transferencia generacional a sus hijos y a sus nietos. La única cuestión es, ¿será positiva o negativa?

James Hughes, Jr. en su libro de la transferencia generacional del patrimonio, resalta algunos puntos interesantes de las familias que transfieren riquezas exitosamente. Aunque su libro es secular, yo creo que todos estos puntos son altamente bíblicos, y eso explica por qué los que practican estos principios tienen éxito.

Voy a resumir tres principios para perpetuar las riquezas que he reunido del libro de James Hughes y los principios bíblicos que coinciden con ellos. Yo creo que estos principios le ayudarán a entender cómo transferir cosas buenas a sus hijos y a sus nietos y cómo enseñarles a ellos a hacer lo mismo. Los tres principios para la transferencia positiva a generaciones futuras son:

1. Debe haber un sistema de valores que tenga el amor como la virtud más alta

James Hughes, Jr. ha observado que las familias que perpetúan su patrimonio por muchas generaciones son las que se aman profundamente y se comunican este amor como su virtud más alta. De hecho, las familias que perpetúan su patrimonio exitosamente, categorizan el patrimonio de tres maneras y este es el orden:

a. Patrimonio humano: El intrínseco valor de cada miembro de la familia
b. Patrimonio intelectual: El depósito de conocimiento, aprendizaje y educación que se invierte en los miembros de la familia.
c. Patrimonio financiero: El patrimonio financiero de la familia que existe con el propósito de servir a la familia.

En las familias exitosas, el dinero no es lo más importante, las personas lo son. Si los padres comunican a sus hijos que son siervos del dinero, de un negocio familiar, de un legado deportivo, de una institución religiosa o siervos de cualquier cosa que trastorne sus valores, los niños ni lo transferirán, ni lo perpetuarán.

Lo único que comúnmente se mantiene como un valor alto a todos; a cada generación, cada raza, cada creencia política, ambos Dios y hombre, varón y hembra, joven y viejo, es el amor. Defender el amor como el valor más alto de la familia es asegurar el éxito. Escoger cualquier otro valor es asegurar el fracaso. Es por eso que Jesús nos dijo a nosotros como Su iglesia, que debemos amarnos unos a otros. *«Este es mi mandamiento: que os améis los unos a los otros, así como yo os he amado»* (Juan 15:12).

Jesús sabía que el trabajo de la iglesia no podría ser perpetuado, a menos que la virtud más alta fuera el amor. Hoy en día, muchas iglesias e instituciones religiosas que propugnan estándares altos de «verdad» o se jactan en glorias pasadas, son edificios vacíos que dan testimonio de esta verdad. Debido a que otro valor que no era el amor se convirtió en el estándar de su existencia, dejaron de suplir necesidades, dejaron de tener gracia, y ya no atraen a los de afuera para que entren; y los que están adentro, no son atraídos a seguir regresando. Los seguidores se convirtieron en siervos de una «verdad», causa o tradición. Tan bueno como esto pueda ser, no es lo suficientemente bueno.

El amor es la única virtud que puede garantizar éxito y transferencia generacional positiva. A propósito, la definición de «amor» es el modelo de Cristo. El amor verdadero es actuar sin egoísmo, con un corazón de siervo, haciendo lo correcto, a pesar de los sentimientos o circunstancias. Cuando se practica el amor apropiadamente, es la fuerza más poderosa en la tierra.

2. Debe haber una visión para el futuro que incluya a la próxima generación

James Hughes, Jr. revela en su libro que las familias que perpetúan con éxito su patrimonio tienen la declaración de una misión familiar con un plan financiero que contempla cien años adelante. Cualquier planeación a menos de cincuenta años es considerada a corto plazo.

En la Biblia, hay dos versículos poderosos que hablan acerca de la importancia de tener visión para el futuro. El primero está en Proverbios 29:18ª, NVI dice: *«Donde no hay visión, el pueblo se extravía».* Esto significa literalmente que cuando las personas no tienen una percepción espiritual o revelación concerniente a sus vidas hoy, y a su futuro mañana, no podrán refrenar el comportamiento negativo, ni podrán mantener unido a un grupo con la misma misión.

El viejo dicho dice: «Si fallas en planear, planeas fallar.» La razón por la que muchas personas no logran impartir una transferencia generacional positiva a sus hijos y a sus nietos es porque no tienen ningún plan o visión. Como mencioné anteriormente, la transferencia generacional positiva nunca sucede por accidente, sucede porque una buena persona toma la decisión de hacerlo.

¿Tiene usted una visión para su familia? Si no la tiene, pídale a Dios que le de una. Sin importar si es soltero o casado, si tiene hijos o si no los tiene, usted debería doblar sus rodillas en oración y preguntarle a Dios cuál es su plan para su vida, para su matrimonio, y para su familia. Después, busque a Dios hasta que Él le conteste específicamente y usted obtenga una «visión» o una percepción interna de lo que Él le está diciendo. Una vez que usted reciba lo que lo que cree que es la voluntad de Dios para su vida y su futuro, escríbala y manténgala ante usted. Hágala la declaración de la misión de su vida.

Mire esta poderosa Escritura en Habacuc 2:2 *«.....Escribe la visión, y declárala en tablas, para que corra el que leyere en ella».* (Reina Valera revisión 1960) Una verdad extraordinaria encontrada en esta

SECRETO 7: TRANSFERENCIA GENERACIONAL POSITIVA

Escritura es el hecho de que escribir la visión y leerla con regularidad activa nuestras vidas y activa a nuestros niños cuando los educamos conforme a ella. Como dice Habacuc, el que la lea «corra». La visión es una fuerza motivante y poderosa. Lo opuesto también es verdad.

Sin visión para nuestras vidas, para nuestros matrimonios, nuestras familias, finanzas, ministerio, y las cosas importantes de la vida, no sabemos a donde vamos. Cada día se rellena con las actividades cotidianas sin tener un significado mayor. Además, cuando no tenemos visión, nuestras vidas se van degradando naturalmente. Debido a que no tenemos una visión clara, nuestro comportamiento está desenfrenado y desmotivado. Vivir de esta manera por un período largo nos lleva a una vida sin significado y seguramente fracasaremos en transferir algo positivo a nuestros niños.

Es indispensable que tengamos un plan para nuestro futuro y sepamos lo que estamos tratando de lograr. Aquí hay unas preguntas importantes para que se las haga a usted mismo, le ayudarán a aprender a tener un efecto positivo generacional sobre su familia.

- ¿Cuál es el llamado de Dios para su vida?

- ¿Qué quiere que sus hijos recuerden de usted, después de que se haya ido?

- ¿Qué quiere que digan acerca de usted en su funeral?

- ¿Cuál es el propósito de su matrimonio?

- Si usted muriera hoy, ¿cuál sería su mayor lamento?

- ¿En qué quiere que se conviertan sus hijos, y qué está haciendo para ayudarlos a cumplirlo?

- ¿Tiene un plan claro para su vida que usted haya escrito y que mire con regularidad para medir su progreso?

- ¿Qué necesita hacer, que ahorita no está haciendo, para dejar una transferencia generacional positiva?

Cuando usted se sienta, y empieza a considerar algunas de estas cuestiones, le ayuda a levantar sus ojos más allá del combate de cada día para ver el panorama completo. Ver el cuadro grande, mantenerlo frente a usted, y asegurarse de que es la pintura que Dios quiere para usted, son tres factores de suma importancia en la decisión de su futuro, el de sus hijos y el de sus nietos.

3. Cada generación debe ser discipulada como administradores responsables de lo que han recibido

James Hughes, Jr. revela en su libro por qué ciertas familias logran perpetuar su patrimonio mientras otras fracasan. Las familias que lo logran enseñan a sus hijos como si fueran la «primera generación» que forja una fortuna, como si fueran los que han producido las riquezas y las administran para servir a la familia y a las generaciones futuras.

La razón por la que muchas familias son testigos del fracaso financiero y la destrucción personal causada por riquezas heredadas a los hijos, es porque los papás no se tomaron el tiempo ni gastaron energías en discipular a sus hijos en cómo usarlo y no les trasmitieron el significado mayor de todo ello. Dejar simplemente una herencia financiera a sus hijos significa muy poco si el carácter, conocimiento y propósito no lo acompañan.

Sin importar cuánto dinero tienen o no tienen, los padres tienen la responsabilidad de ser mentores de sus hijos y de discipularlos. La Biblia específicamente encomienda a los padres, especialmente a los papás, la responsabilidad de entrenar a sus hijos diligentemente (Efesios 6:4 y Deuteronomio 6:6-9). Muchos padres rechazan esta responsabilidad sin rodeos. Otros la transfieren a las escuelas, iglesias, o a la tecnología, con tal que a ellos les tome poco tiempo y energía educar a sus hijos.

Proverbios 22:6 instruye a los padres: *«Instruye al niño en el camino correcto, y aún en su vejez no lo abandonará»* (NVI). Esta promesa es poderosa, pero muchas veces es ignorada o malentendida. Nos dice que si «instruimos» a nuestros niños en el camino correcto, cuando sean viejos (maduros), no se van a apartar del camino por el que fueron enseñados a andar.

Para reclamar esta promesa, debemos cumplir la condición de instruir a nuestros niños. Para que podamos hacer esto, debemos entender que instruir no es solamente hablar algo a nuestros hijos o decirles qué cosa correcta hacer, significa que se los demostramos, los ayudamos, los discipulamos, los enseñamos y somos sus mentores.

La instrucción es el proceso completo de la transferencia de valores, de la formación del carácter, de la trasmisión de conocimiento, de su desarrollo espiritual, habilidades y propósito para nuestros hijos. Incluye todo lo que hacemos, y no excluye nada. Los padres sabios entienden el poder de su ejemplo y lo usan provechosamente. Ellos invierten tiempo y esfuerzo en transmitir a sus niños valores, conocimiento, y habilidades que van a necesitar para tener éxito en su futuro. Esto lleva tiempo en cantidad y calidad, porque no existe tal cosa de crianza exitosa de los hijos de medio tiempo.

Además, debido a que el amor es la virtud más alta en la familia, los niños se sienten valorados y aceptan lo que se les está transfiriendo. Están dispuestos a defender la instrucción de sus padres más adelante en la vida, al mismo tiempo que ellos se la transfieren a sus propios hijos. Los niños que son bien instruidos y grandemente amados, son los de mayor posibilidad para tener la perspectiva generacional de la transferencia que perpetúa una familia sana y exitosa.

Tristemente, los padres que fracasan en hacer una transferencia generacional positiva a sus hijos no toman el tiempo ni hacen el esfuerzo de enseñarlos e instruirlos. ¿Alguien puede preguntarse por qué estos niños fracasan más adelante en la vida? Es muy frustrante escuchar a una persona adinerada decir que no va a dejar su fortuna a sus hijos porque esto los arruinaría o porque «no lo pueden manejar». Si ese mismo padre tuviera fe en sus hijos, y tomara el tiempo de instruirlos apropiadamente, las cosas serían diferentes. Esto es lo que la Biblia dice y es lo que ha experimentado James Hughes, Jr. con las familias que perpetúan su fortuna exitosamente.

Las familias exitosas son exitosas por una razón: toman las decisiones correctas y piensan de la manera que la Biblia nos dice que debemos pensar. Otra cosa acerca de las familias exitosas: ¡cualquiera puede tener una!, a pesar de los errores, el dolor o los fracasos de su pasado. Dios puede perdonarlo, sanarlo y darle el poder para triunfar. Nunca es demasiado tarde para hacer lo correcto. Empiece hoy a pensar en su futuro y en el futuro de su familia.

SECRETO 7: TRANSFERENCIA GENERACIONAL POSITIVA

Sea diligente en planear y trabajar para hacer una transferencia generacional positiva.